本书系北京高校思想政治工作研究课题（课题编号：BJSZ2020ZD06）
华北电力大学教学改革专项课题、2022年校级教改项目（课题编号：2022-SZ028） 研究成果

Research on Ideological and political Construction of College Curriculum

# 高校课程思政建设研究

侯丹娟◎著



中国经济出版社
CHINA ECONOMIC PUBLISHING HOUSE
北 京

**图书在版编目（CIP）数据**

高校课程思政建设研究 / 侯丹娟著. -- 北京：中国经济出版社，2023.3（2023.8 重印）

ISBN 978 - 7 - 5136 - 2768 - 9

Ⅰ. ①高… Ⅱ. ①侯… Ⅲ. ①高等学校 - 思想政治教育 - 教学研究 - 中国 Ⅳ. ① G641

**中国国家版本馆 CIP 数据核字（2023）第 043603 号**

策划编辑 赵静宜
责任编辑 黄傲寒
责任印制 马小宾
封面设计 久品轩

**出版发行** 中国经济出版社
**印 刷 者** 北京中石油彩色印刷有限责任公司
**经 销 者** 各地新华书店
**开　　本** 710mm × 1000mm 1/16
**印　　张** 12.75
**字　　数** 164 千字
**版　　次** 2023 年 3 月第 1 版
**印　　次** 2023 年 8 月第 2 次
**定　　价** 88.00 元
**广告经营许可证** 京西工商广字第 8179 号

**中国经济出版社** 网址 www.economyph.com **社址** 北京市东城区安定门外大街 58 号 **邮编** 100011
本版图书如存在印装质量问题，请与本社销售中心联系调换（联系电话：010-57512564）

# 内容提要

大学是知识属性与社会属性的统一体。大学的知识属性决定了大学发展的内在动力是对知识领域的自由、自主探索和不断创新。大学的社会属性决定了大学要用知识及其所体现的人类德性来培养人格健全的人，推动社会进步和国家发展。知识、社会的双重属性决定了大学不仅传播知识、探索未知领域，而且通过知识教育培育学生德性。因此，大学教育绝不是简单的知识传递过程，而是一个以知识为媒介的精神互动过程。知识教育的过程也是一个育人的过程。课程思政建设是大学实现知识教育、价值塑造、德性培育的题中之义。

课程思政是一种课程观。它不是一门新增设的课程，也不是一项新增设的教育实践活动，而是将思想政治教育融入专业课程教学和改革的各环节、各方面，以实现立德树人、润物无声。党和国家之所以高度重视高校课程思政建设工作，是因为它不仅能够培养服务社会的专门人才，而且是实施国家主导政治价值分配、确保社会主义办学方向、推进政治体制再生产、促进新时代大学生全面发展的内在要求。

从历史角度看，新中国成立以来，高校课程思政建设大致经历了初步探索、遭遇挫折、恢复调整到全面推进的过程。中华人民共和国成立伊始，党和国家就确立了培养具有社会主义觉悟的劳动者的教育方针和目标。高校按照党和国家的教育方针和大学生思想政治教育目标，尝试将政治性、阶级性和思想性的内容、元素与价值引导目标融入专业课教学之中。改革开放以后，党中央提出“以经济建设为中心”的方针。坚持四项基本原则、培育“四有新人”成为高校思想政治工作的指导思想。这一时期，高校恢复并不断强化专业课教学中的价值塑造功能。然而，高校开设的一些人文社会科学类课程的指导思想并不十分明确，不少专业课教师并未做到教书与育人统一，而是将工作重点放在知识传授上，最终引发知识教育与信仰教育的割裂、分离，导致高校德育失衡。20世纪80年代末到90年代初，在反思和总结经验教训的基础上，高校通过设置人文社会学科的选修课，加强价值引导在专业课教学内容中的渗透，力求科学、合理地将思想政治教育同各系科的教学结合起来，使教书育人贯穿于学校教育全过程。党的十八大以来，党中央高度重视高校人才培养和思想政治工作，部署了一系列关于教育的重要决策，为全面推进课程思政建设提供了依据。高校在积极进行专业课教材建设和学科建设的同时，因地制宜、因校制宜，积极探索课程思政建设新模式和有效路径，把课程思政建设作为加强高校思想政治工作、全面提高教育教学质量的重要抓手，初步形成了高校普遍重视、院系广泛动员、专业课教师积极参与的局面。回顾70余年来的发展历程，高校课程思政建设呈现五个方面的特点：注重整体规划，通过顶层设计与实践探索的双向互动优化课程思政建设格局；坚持全方位、全过程育人，积极推进第一课堂与第二课堂良性循环；紧扣时代主题，与时俱进把握立德树人各阶段的育人目标；不断探索，及时校准价值引导与知识传授的关系；持之以恒强化师资队伍建设，着力提升教师育人意识与能力。经过多年探索，高校课程思政建设积累了丰富经验，主要包括：坚持党的领导、凝聚党政合力；坚持育人为本、德育为先；紧跟时代发展、不断开拓创新；积极推进价值引导与知识传授的统一、融合。

立足现实，当下高校课程思政建设情况如何？这是我们必须考察的问题。本书以高校专业课教师和大学生为调研对象，分别围绕“高校课程思政建设情况”“高校课程思政教学满意度”展开了广泛调研，调研涉及高校教师对课程思政建设的认识和重视程度、课程思政教学的内容和方法以及效果和反馈、所在高校推进课程思政建设工作的举措、学生接受课程思政教学之后的获得感以及对课程思政教学的需求和期待等多个问题。调研结果显示，高校课程思政建设取得显著进展的同时，也存在一些不足，主要包括：课程思政建设协调度有待提升，课程思政建设责任传导“上热中温下冷”，部分专业课教师对课程思政的认知存在偏差。导致这些问题出现的原因，概括起来主要有以下三个方面：宏观层面，顶层设计尚不健全；中观层面，课程思政体制机制建设不完善；微观层面，专业课教师的育人意识和能力较为薄弱。

在总结和分析课程思政建设历程、现状、问题及其成因，调研专业课教师开展课程思政建设的困难及其需求、期待的基础上，本书认为，新时代高校课程思政建设应从以下四个方面入手：一是变革教育理念，实现社会本位与个体本位的互构、统一。在课程思政建设中，高校要坚持课程思政建设为国家建设和社会发展服务，在具体教学实践中以人为本，彰显“人”的地位。二是强化课程思政建设与发展的顶层设计。高校要具备战略思维和全局视野，形成整体性思维，统筹考虑，准确定位和制定课程思政建设目标、原则和规划方案。三是完善课程思政育人机制建设。高校要积极构建上下联动的领导协作机制，创建多学科互利共享的交流机制与平台，建立奖惩分明的激励约束机制，形成科学合理的教师考核评价机制，建立健全课程思政课堂教学质量监测反馈机制。四是切实提升专业课教师队伍的思想政治教育素质。高校要通过培训和制度建设等方式，引导教师以政治强、情怀深、思维新、视野广、自律严、人格正为目标追求，增强课程思政意识和责任担当，提升思想政治理论素养、师德修养，强化课程思政教学能力。

大学是人类社会发展的产物，大学现在和未来的发展离不开社会。同样地，社会的发展也离不开大学。大学的核心使命，即培养服务于社会的专业人才，必然要求其实现知识属性与社会属性的辩证统一，要求专业课教师通过知识教育培养青年大学生的社会责任感、爱国心、公德意识、创新创造能力，促进学生德智体美劳全面发展。本书在对大学双重属性进行分析的基础上，就高校课程思政建设这一论题展开了研究。

# 目录 CONTENTS

# 第一章 高校课程思政建设的基础理论

大学具有传播知识和培育德性的双重职能。没有知识传播，德性培育只能沦为空洞的说教，没有德性培育，知识传播与开发将演变为一种纯粹的工具，课程思政正是大学双重职能的具体体现。那么，什么是课程思政，它与思政课程有何区别与联系？课程思政生成与发展的理论基础是什么、是否具有存在必要性？这些是本章节重点讨论的问题。

## 第一节 课程思政的含义

大学不能忽视对知识之外的德性的培养，德育同样也不能被抽象地理解为一种道德、信仰、政治方面的说教与灌输，而应该以具体知识作为支撑。科学而有效的价值引导、精神塑造、信仰启迪不仅来自思想政治理论课（以下简称“思政课程”）的教学实践，也来自专业课教学中知识的积累及与之相伴的价值思考，这构成了课程思政的价值内核。对于“什么是课程思政”这一问题，学界展开了广泛而深入的讨论，并形成了颇为丰富的观点。然而，这些观点之间的分歧一方面形成一种“动力”推动课程思政概念研究的进一步深化和拓展，另一方面也不可避免地造成了一定的“混乱”，使研究陷入困境。因此，我们有必要追根溯源，梳理并厘清“课程思政”概念的演进理路及本质内涵。

## 一、课程思政概念的演进理路

新中国成立之后，就开启了将价值引导、精神塑造渗透于专业课教学的探索历程。在不同时期，国家出台的教育文件，尤其是大学生思想政治教育文件中多次提出并强调发挥各门专业课程的育人功能。

在对高等教育长期的探索和改革创新中，专业课程的育人功能一直受到党和国家、教育部门以及教育实践者的重视。“课程育人”与科研育人、实践育人、文化育人等是高校育人体系的重要组成部分，也成为“课程思政”概念的雏形。它所强调的是专业课的课程育人在育人体系中的重要地位，确定了课程育人是高校育人工作体系的重要组成部分，且占据主渠道地位。在对“课程育人”功能给予肯定的同时，党和国家聚焦于“课程育人”中的德育内容，强调要规避课程教学尤其是课堂教学中重智育轻德育的问题。于是，“课程德育”越来越受关注，也逐渐进入“课程思政”概念演变的下一个阶段。如1994年，中共中央印发的《关于进一步加强和改进学校德育工作的若干意见》强调：要“按照不同学科特点，促进各类学科与课程同德育的有机结合”。2010年国家出台的《国家中长期教育改革和发展规划纲要（2010—2020年）》强调：“把德育渗透于教育教学的各个环节。”“课程德育”能够促进各类专业课教师增强育人意识，将教书与育人相结合，在知识传授过程中强化价值塑造。“课程思政”这一概念最早于2014年由上海市教育委员会提出，并在上海的一些高校进行了试验，取得了良好成效。2016年，习近平总书记在全国高校思想政治工作会议上强调："其他各门课程要守好一段渠、种好责任田。"[①] 此后，"课程思政"这一概念最终确定并受到广泛关注。2020年，教育部印发《高等学校课程思政建设指导纲要》，标志着"课程思政"这一概念得到了官方的确认。

## 二、课程思政的本质内涵

关于"什么是课程思政"这一问题，学界从不同视角出发展开了深入讨论与分析，并形成了多种不同观点。其中，具有代表性的观点主要有以下三个。

第一，课程思政是一种新的课程观。有学者认为："课程思政实质是一种课程观，不是增开一门课，也不是增设一项活动，而是将高校思想政治教育融入课程教学和改革的各环节、各方面，实现立德树人、润物无声。"[②] 也有学者认为，课程思政不是新开一门课程，而是将德育的价值与理念进行传输，这种传输就是要有选择性地挑选适合进行思想政治教育的课程，在进行专业课知识学习的基础上，注重价值引导。[③]

第二，课程思政是一种新的教育方式。有学者主要从课程思政的本质、理念、结构、方法和思维五个维度阐释课程思政的内涵，认为课程思政本质上是一种实现立德树人目标的教育方式，是基于专业课、综合素养课和思想政治理论课同向同行的体系构建，以实现知识传授、价值

① 张烁，鞠鹏.习近平在全国高校思想政治工作会议上强调：把思想政治工作贯穿教育教学全过程　开创我国高等教育事业发展新局面［N］.人民日报，2016-12-09（1）.

② 高德毅，宗爱东.课程思政：有效发挥课堂育人主渠道作用的必然选择［J］.思想理论教育导刊，2017（1）：33.

③ 王海威，王伯承.论高校课程思政的核心要义与实践路径［J］.学校党建与思想教育，2018（14）：32-34.

塑造、能力培养的三维统一的目标。[①]也有学者立足于课程思政的现实诉求，认为课程思政源于对高校思想政治教育发展的整体把握和高等教育发展的现实诉求，寓思想政治教育于课程中，充分发挥课堂的立德树人功能，是隐性思想政治教育方式的体现。[②]

第三，课程思政是一种新的教学体系。有学者认为课程思政是培养高素质和高水平人才的一种教学体系，是将立德树人的理念融入高校各类课程的教学中，这是一种彰显整合精神的高校思想政治教育途径。[③]

从总体上看，无论是从课程观还是从教育方式的视角分析，学者们都充分地肯定了课程思政育人的根本任务，强调课程思政要在“大思政”教育背景下，改变以往思政课程“单打独斗”的现状，着力解决高校没有形成育人合力的问题。那么，哪种观点是对课程思政的准确认识？我们应如何理解课程思政？要回答这两个问题，我们先要弄清楚什么是思想政治教育。

对于思想政治教育，学界的认识亦不尽相同。其中，最具权威性的观点是，所谓思想政治教育，即“一定阶级、社会群体遵循人们思想品德形成发展规律，用一定的思想观念、政治观点、道德规范，对其成员施加有目的、有计划、有组织的影响，使他们形成符合一定阶级、社会所需要的思想品德的社会实践活动”[④]。简言之，思想政治教育是一项育人实践活动，关乎为谁培养人、培养什么样的人、怎样培养人这些根本性问题，在现实中体现为引导受教育者学会做人做事。思想政治教育内容主要包括世界观、政治观、人生观、法制观、道德观

---

① 王学俭，石岩.新时代课程思政的内涵、特点、难点及应对策略［J］.新疆师范大学学报（哲学社会科学版），2020（2）：50-52.

② 巩茹敏，林铁松.课程思政：隐性思想政治教育的新形态［J］.教学与研究，2019（6）：45-51.

③ 张鲲.高校“课程思政”的时代命题与建设路向［J］.北方民族大学学报（哲学社会科学版），2019（2）：162-166.

④ 张耀灿，郑永廷.思想政治教育学原理［M］.北京：人民出版社，2006：50.

教育和思维方式培养，其内容涵盖三个层次，即基础理论知识传授，情感、态度、价值观引导，行为参与能力培养。那么，什么是课程思政呢？

思想政治教育包括显性、隐性两种方式，呈现在课程方面，分为以系统化意识形态教育为主要内容的思政课程和融合意识形态教育的其他各门各类课程，即课程思政。课程思政不是一门新的课程，也不是一项新的教学活动，而是一种课程观，是将思想政治教育元素和要求融入其他各门各类课程教学和改革的各个方面，以实现立德树人、润物无声。[①]从理论上讲，课程思政是指教师在传授专业知识的同时，立足于情感、态度、价值观引导，帮助学生树立正确的、积极的政治方向和价值追求。正如《高等学校课程思政建设指导纲要》中所强调的："全面推进课程思政建设，就是要寓价值观引导于知识传授和能力培养之中，帮助学生塑造正确的世界观、人生观、价值观。"简言之，课程思政就是课程承载思政、思政寓于课程，其根本任务是依托课程载体，引导学生成长成才。由于"加强和改进高校思想政治工作，事关办什么样的大学、怎样办大学的根本问题，事关党对高校的领导，事关中国特色社会主义事业后继有人，是一项重大的政治任务和战略工程"，所以课程思政具有明确的政治要求和战略意义，它实际上是课程德育的政治提升，是确保高校社会主义办学方向的重要途径。

## 三、课程思政和思政课程的区别与联系

课程思政与思政课程是怎样的关系？课程思政中的"思政"同思政

---

① 高德毅，宗爱东．课程思政：有效发挥课堂育人主渠道作用的必然选择［J］．思想理论教育导刊，2017（1）：33.

课程中的“思政”是不是一回事？厘清课程思政与思政课程的关系，对于准确理解和定位课程思政的特征与宗旨具有重要价值。

1. 课程思政与思政课程具有高度的一致性和契合性

作为学校育人体系之课程育人的集中体现，课程思政与思政课程具有本质上的联系，主要体现在以下三个方面。

第一，教育任务和教育目标具有一致性。课程思政与思政课程均以立德树人、培养服务国家建设和社会发展的专业人才为主要任务和目标。尽管新中国成立以后的不同时期，我国教育方针的表述存在一定区别，但其底层价值取向具有一致性，即培养服务于国家建设和社会发展的各类专业人才。根据这一教育方针，教育体系不仅要以知识传授、专业技能培育为己任，而且要将提升学生的思想觉悟、精神境界，帮助他们树立正确的价值观纳入教育目标之中，实现教书与育人的融合发展。这是因为教育涉及“培养什么样的人、如何培养人以及为谁培养人”这个根本问题。思想政治教育便成为整个教育体系的核心工作。课程思政与思政课程作为思想政治教育的两种不同教育实践路径与方式，均围绕培养社会主义建设者和接班人这一教育方针展开，都是高校思想政治工作的重要组成部分，共同承担着课程育人的重要任务。

作为思想政治教育的主阵地、主渠道，思政课程是学校落实立德树人根本任务的关键课程。1995 年，原国家教委印发的《关于高校马克思主义理论课和思想品德课教学改革的若干意见》指出：“‘两课’教学的根本目标，是引导和帮助学生树立马克思主义的世界观、人生观、价值观，确立为建设中国特色社会主义而奋斗的政治方向，增强抵制错误思潮和拜金主义、享乐主义、极端个人主义等腐朽思想侵蚀的能力。”[①]

---

① 教育部思想政治工作司. 加强和改进大学生思想政治教育重要文献选编（1978—2008）[M]. 北京：中国人民大学出版社，2008：212.

尽管思政课程是思想政治教育的主渠道、主阵地，但绝非唯一承担价值塑造任务的课程，其他各门课程同样具有育人功能和使命。我国全面推进课程思政建设的这一战略举措，其影响甚至决定着接班人问题，其影响甚至决定着国家长治久安，其影响甚至决定着民族复兴和国家崛起。

第二，指导思想具有一致性。培养德智体美劳全面发展的社会主义建设者和接班人这一教育宗旨和使命，决定了课程思政与思政课程的指导思想是一致的，即以马克思主义为核心的社会主义意识形态为指导思想，以习近平新时代中国特色社会主义思想为指导，全面贯彻党的教育方针，坚持和加强党的全面领导，坚持社会主义办学方向，以立德树人为根本，以理想信念教育为核心，以培育和践行社会主义核心价值观为主线，以建立完善全员、全程、全方位育人体制机制为关键，全面提升高校思想政治工作质量。

第三，教育内容、教育要求具有一致性。课程思政与思政课程作为思想政治教育的两种不同路径，本质上都具有思想引导、价值塑造的功能，二者内含的思想政治教育内容、主题具有一致性，即均围绕坚定学生理想信念，以爱党、爱国、爱社会主义、爱人民、爱集体为主线，以政治认同、家国情怀、文化素养、宪法和法治意识、道德修养等为重点内容，系统进行中国特色社会主义和中国梦教育、社会主义核心价值观教育、法治教育、劳动教育、心理健康教育、中华优秀传统文化教育。

在具体教育实践活动中，课程思政与思政课程教育的要求具有一致性，即实现知识性与价值性的统一。知识性与价值性相统一是教育教学工作应遵循的基本规律。2017 年，中共教育部党组关于印发《高校思想政治工作质量提升工程实施纲要》的通知中明确提出："大力推动以'课程思政'为目标的课堂教学改革……梳理各门专业课程所蕴含的思想政治教育元素和所承载的思想政治教育功能，融入课堂教学各环节，实现思想政治教育与知识体系教育的有机统一。"2020 年教育部印发的《高等学校课程思政建设指导纲要》中明确指出："全面推进课程思政建设，就是要寓价值观引导于知识传授和能力培养之中，帮助学生塑造正确的世界观、人生观、价值观。"思政课程教学通过开展马克思主义理论这一科学理论和系统知识教育引导学生形成正确的价值观。正如习近平总书记在 2019 年 3 月 18 日学校思想政治理论课教师座谈会上所指出的："要坚持价值性和知识性相统一，寓价值观引导于知识传授之中。"因此，课程思政与思政课程教学都要遵循知识性与价值性相统一的要求。

### 2. 课程思政与思政课程的区别

尽管课程思政与思政课程在教育宗旨、功能等方面具有一致性，但二者仍存在不同侧重，需加以区分以避免混淆。它们的区别主要体现在以下两个方面。

第一，课程教学依托院系、支撑学科不同。寓价值引导于专业教学之中的课程思政建设工作主要依托承担各门各类专业学科和课程教学工作的院系，这些院系所承担的核心任务是培养服务和从事不同行业、不同领域工作的专业人才，其开设的课程具有丰富性和复杂性特征，既包括人文社科类课程，也包括理工、医学、农学等课程。思政课程教学工作运行和教学任务的完成主要由马克思主义学院或思想政治理论课教学部承担，所涉及课程包括"马克思主义基本原理概论""毛泽东思想与中国特色社会主义理论体系概论""习近平新时代中国特色社会主义思想概论""思想道德与法治""中国近现代史纲要"等课程。

就支撑学科而言，课程思政的支撑学科为各门各类不同专业学科，这些学科以探究某一知识领域为己任，通常研究、揭示不同领域的运行规律、工作机理等。这些学科包括哲学、经济学、法学、教育学、文学、历史学、理学、工学、农学、医学、军事学、管理学、艺术学 13

个门类。课程思政就是通过教学活动将各个不同学科专业知识和能力培养中所蕴含的思想政治教育元素传递给学生，以影响其价值观的形成与发展。不同学科研究领域上的差异性，必然造成其所内含的思想政治教育资源有所区别、有所侧重，如理学、工学类专业课程注重科学思维方法的训练和科技伦理的教育，培养学生探索未知、追求真理、勇攀科学高峰的责任感和使命感，培养学生精益求精的大国工匠精神；农学类专业课程注重培养学生的大国“三农”情怀，引导学生“懂农业、爱农村、爱农民”；医学类专业课程注重加强医德医风教育，注重加强医者仁心教育，教育引导学生尊重患者、学会沟通、提升综合素养；艺术学类专业课程注重引导学生树立正确的艺术观和创作观，积极弘扬中华美育精神。而思政课程的支撑学科是马克思主义学科体系，由马克思主义理论学科，哲学、政治经济学、科学社会主义等哲学社会学科，以及以马克思主义为指导的现实问题研究三个部分组成。对此，习近平总书记在学校思政课教师座谈会上强调：“我们对思想政治工作高度重视，始终坚持马克思主义指导地位，大力推进中国特色社会主义学科体系建设，为思政课建设提供了根本保证。我们对共产党执政规律、社会主义建设规律、人类社会发展规律的认识和把握不断深入，开辟了中国特色社会主义理论和实践发展新境界，中国特色社会主义取得举世瞩目的成就，中国特色社会主义道路自信、理论自信、制度自信、文化自信不断增强，为思政课建设提供了有力支撑。中华民族几千年来形成了博大精深的优秀传统文化，我们党带领人民在革命、建设、改革过程中锻造的革命文化和社会主义先进文化，为思政课建设提供了深厚力量。”①马克思主义学科体系研究和教育能够通过形成创新理论成果，为思政课程教

① 张烁，谢环驰.习近平主持召开学校思想政治理论课教师座谈会强调用新时代中国特色社会主义思想铸魂育人贯彻党的教育方针落实立德树人根本任务［N］.人民日报，2019-03-19（1）.

学提供内容和观点支撑，能够通过人才培养、培训为思政课程教学提供师资队伍支撑，能够通过学科建设为思政课程教材体系和教学体系优化提供支撑。

第二，课程地位、特点与优势不同。从课堂教学角度讲，课程思政与思政课程是开展思想政治教育的主渠道、主阵地。但二者的主渠道、主阵地地位存在一定差异性。课程思政的主渠道、主阵地地位是指相对于教育教学的其他环节，如管理、服务等而言，课程是整个育人的主渠道与主阵地。2017 年，教育部印发《高校思想政治工作质量提升工程实施纲要》，详细规划了课程、科研、实践、文化、网络、心理、管理、服务、资助、组织“十大育人”体系，其中课程是育人工作体系的主阵地、主渠道，而思政课程的主渠道、主阵地地位主要体现在其作为“落实立德树人根本任务的关键课程”①，在各门各类课程以及所有教学环节中处于关键、核心地位。

就课程特点与优势而言，课程思政作为隐性思想政治教育，易于发挥价值引领作用。课程思政这种具有隐蔽性的思想政治教育方式是一种无意识的教育形式，是以间接的、内隐的、不明确的方式，通过学生无意识的、非特定的心理反应机制来影响学生思想品德和价值观的形成与发展。课程思政所具有的隐性思想政治教育特点和优势能够把具体专业课程作为学生思想品德内化的中介，通过具体专业知识和技能培育影响学生道德情感、意志、行为的养成。课程思政的隐性思想政治教育能够使受教育者在无意识中接受价值观方面的影响。思政课程则属于显性思想政治教育，在系统马克思主义理论教育中占据优势。思政课程这种显性的思想政治教育更多作用于学生的价值认知结构，是学生获得有关思

---

① 张烁，谢环驰.习近平主持召开学校思想政治理论课教师座谈会强调用新时代中国特色社会主义思想铸魂育人贯彻党的教育方针落实立德树人根本任务［N］. 人民日报，2019-03-19（1）.

想观念、政治观点和法律规范等的知识，并形成一定思想政治品德的必要基础。

## 第二节　课程思政的理论基础

理论来源于实践又能指导实践，科学的理论基础为我们提供了恰当的观察角度、理性的思考方法、合理的解释依据，我们要充分利用研究的实际意义，对研究对象的理论基础进行深入的分析，让科学研究有源可循、落在实处。那么，“课程思政”的理论基础有哪些？本书认为其理论来源主要包括以下三个。

### 一、马克思主义人的全面发展理论

人的全面发展理论是马克思主义思想的精神内核，贯穿于马克思主义思想的整个形成过程。人的全面发展是相对于人的片面发展而言的，主要包括人的社会关系、需要、能力、个性等方面的发展。

就社会关系而言，人能否获得全面发展，与其所构建的社会关系有着极为密切的关联，这是因为“人的本质并不是单个人所固有的抽象物，在其现实性上，它是一切社会关系的总和”[①]，“社会关系实际上决定着一个人能够发展到什么程度”[②]。从历史纵向角度来看，人的社会关系经历了人的依赖、物的依赖和自由全面发展三个阶段，前两个阶段均

① 中共中央马克思恩格斯列宁斯大林著作编译局.马克思恩格斯选集：第1卷［M］.北京：人民出版社，2012：135.

② 中共中央马克思恩格斯列宁斯大林著作编译局.马克思恩格斯全集：第3卷［M］.北京：人民出版社，1960：295.

存在个体对他人或物质的依附性，人是“片面性”的存在，只有到了自由全面发展阶段之后，人才能更广泛地参与社会生活的方方面面，建构各种各样的社会关系。就人的需要而言，需要是人自身的规定性，“人以其需要的无限性和广泛性区别于其他一切动物”。[①] 与动物不同的是，人不仅仅具有生存方面的物质需要，还有认知、归属、安全、自我价值实现等精神需要，且人的需要是不断丰富和发展的。就能力而言，人的能力的发展是人的全面发展的重要内容。马克思、恩格斯指出：“任何人的职责、使命、任务就是全面地发展自己的一切能力。”[②] 人的能力包括智力与体力，较之体力，智力发展更为重要。随着社会生产力水平的提升，智力成为促进社会发展和人自身发展的最重要因素之一。在现实的实践活动中，人不仅改造外在客观世界，也改造自身主观世界，且精神活动能力越来越扮演着重要角色。就个性而言，马克思认为人的自由个性的生成和发展是社会历史演变的结果，在人的依赖、物的依赖阶段，人无法获得个性自由，只有到了共产主义社会，人才能够摆脱自然和社会的种种制约，成为拥有自由个性的、全面发展的人。对此，马克思在《共产党宣言》中写道：“代替那存在着阶级和阶级对立的资产阶级旧社会的，将是这样一个联合体，在那里，每个人的自由发展是一切人的自由发展的条件。”[③]

思想政治教育作为一项以人为研究和教育对象的实践活动，始终要以马克思主义人的全面发展理论为指导，为人的全面发展营造氛围和提供条件，把实现人的全面发展作为根本宗旨和目的。课程思政是隐性思

① 中共中央马克思恩格斯列宁斯大林著作编译局.马克思恩格斯全集：第49卷［M］.北京：人民出版社，1982：130.

② 中共中央马克思恩格斯列宁斯大林著作编译局.马克思恩格斯全集：第3卷［M］.北京：人民出版社，1960：330.

③ 中共中央马克思恩格斯列宁斯大林著作编译局.马克思恩格斯选集：第1卷［M］.北京：人民出版社，2012：422.

想政治教育的重要表现形式，马克思主义人的全面发展理论顺理成章地成为其指导思想，为课程思政建设指明了方向。只有在马克思主义人的全面发展理论的指导下，课程思政建设才能有坚定的方向和明确的目标；只有在课程思政实践的推动下，人的全面发展才有更多保障。课程思政建设要时刻关注、尊重、了解和满足人的需要，从德、智、体等多方面来培养和提高人的综合能力，着力发展人的社会实践能力、创新创造能力等，尊重人的独特性和差异性。

## 二、政治课程理论

课程与教学有着极为密切的关联。课程关注“该教什么”，教学关注“怎样去教”。课程是教育的方案、计划、内容以及学习经验，而教学是教育的方法、教学活动以及课程内容的呈现。课程是教学的指导和蓝图，教学是课程的具体实践；课程讲求计划性，教学讲求方法论。课程理论围绕“怎样科学有效地开发课程”这一主题开展，并在长期的发展过程中形成了多种不同流派，如政治课程理论、种族课程理论、性别课程理论、现象学课程理论、后现代课程理论、传记性课程理论、美学课程理论等。其中，政治课程理论是课程思政的理论来源与基础。

政治课程理论学派的代表人物有迈克尔·阿普尔（Michael Apple）、吉鲁（H.Giroux）、古德曼（J.Goodman）、卡尔森（Carlson）、弗雷尔（Freire）、西蒙（Simon）、韦克斯勒（Wexler）、埃尔斯沃思（Ellsworth）等。20 世纪 80 年代以来，政治课程理论成为西方规模庞大、人员众多、观点纷呈、影响深远的课程理论流派之一。政治课程理论将课程作为“政治文本”（Political Text）来理解，认为课程具有政治性（Curriculum is Political）。政治课程理论学派的领袖人物迈克尔·阿普尔提出了“谁的知识最有价值”这一问题。在他看来，教育从本质上讲是一项更广泛的事业，但“并非一个价值中立的事业”①。知识的合法性问题恰恰关涉教育的本性，而教育的本性则不仅仅是教育自身的问题。“应该教什么……不仅是一个教育的问题，而且从本质上讲也是一个意识形态和政治的问题。”② 在迈克尔·阿普尔看来，国家意识形态知识正是通过课程等载体进入学生的意识中，成为学生社会化尤其是政治社会化过程中意识形态渗透的重要途径的。为此，他写道：“学校的课程知识已经不是客观、中立的知识，本质上是伦理和政治性问题，是已经打上了特定历史时期、特定社会制度、特定社会阶级的意识形态烙印，经统治阶级严格审查并认为符合自身利益，且以普遍合法的名义推广出去的知识。”③ 迈克尔·阿普尔认为，传递官方知识的教科书是意识形态渗透的载体，其传递的知识是各种政治、经济和文化因素综合作用的结果，因此其并非价值中立。作为课程的一部分，教科书参与决定社会上什么样的知识被认为是合法的、真实的。因此，在迈克尔·阿普尔看来，教科书在影响学生主观世界时，透露出自身蕴含的意识形态和制约因素。通过教科书呈现的内容和形式，我们可以看出现实世界是如何构成的，还可以发现知识是如何被选择和组织的。④ 他认为，教科书虽然是为社会特定阶层和社会集团的利益服务的，但是，它又是一个文化融合和互动的产物，既反映统治阶级意识形态的要求，也是在不断冲突和协商中调节和再造的结果。⑤ 在实际教授教科书的过程中，教师对教科书内容的补充和修改、学生对教学内容的选择性接受，使教科书中隐藏的意识形态内容发生变化。其中，教育者在统治阶级的意识形态霸

①②③ 迈克尔·阿普尔.意识形态与课程［M］.黄忠敬，译.上海：华东师范大学出版社，2001：1–4.

④ 迈克尔·阿普尔.教科书政治学［M］.侯定凯，译.上海：华东师范大学出版社，2004：4.

⑤ 迈克尔·阿普尔.教科书政治学［M］.侯定凯，译.上海：华东师范大学出版社，2004：11.

权再生产中发挥着重要作用。在课程教学过程中，意识形态的内容先在教育者的头脑中运作，并内化于教育者的知识结构之中，然后教育者依据显在的和潜在的课程对学生进行潜移默化的意识形态渗透。在整个课程教学中，意识形态的再生产离不开教育者的参与。正如迈克尔·阿普尔所指出的，课程教育过程“或者以某种科学和社会生活观为学校显在课程中最合法的方式，或者把科学作为保守研究和决策的辩护以发挥意识形态的作用”①。在教育和管理的过程中，教育者往往采用建立在一定意识形态假设基础上的系统管理的术语，寻求确定性，强调达成价值共识，从而维护既有秩序。实际上，教育者在课程教育过程中扮演着重要的中介者、传递者和再生产者的角色，他们有意识或无意识地在课程教育中渗透一定的统治阶级意识形态，继而帮助统治阶级维护既定的社会秩序和思想统治。迈克尔·阿普尔认为，除显在课程外，潜在课程，即语言、常识性分类与标签、学校制度与环境是意识形态渗透看不见但十分富有成效的载体。潜在课程是指学校里传授的、教师的目的或目标陈述中并不经常谈到的、暗含的但有效的规范和价值观。②

教育无法避免意识形态的影响，无法“价值中立”，课程本身具有鲜明的意识形态性，因此在意识形态教育，尤其是高校意识形态教育的过程中，我们不仅要充分发挥教育者的主导作用，还要通过显在课程和潜在课程等不同的方式进行意识形态教育，增强意识形态教育的实效性，使社会主义意识形态真正进入大学生的头脑，维护高校意识形态安全。除了强化显性课程的思政课程教学的针对性和实效性，还应充分发挥其他各门各类课程作为隐性课程在社会主义意识形态教育中的作用，

① 迈克尔·阿普尔.意识形态与课程［M］.黄忠敬，译.上海：华东师范大学出版社，2001：123.

② 迈克尔·阿普尔.意识形态与课程［M］.黄忠敬，译.上海：华东师范大学出版社，2001：97.

积极开展课程思政建设。因此，政治课程理论便成为课程思政的重要理论基础。在课程思政建设实践中，一方面，要加强教师队伍建设，培育高素质和有坚定社会主义信仰的专业课教师，充分发挥教师作为课程教学的主导者的积极作用。在意识形态教育中，只有思想过关、素质过硬的意识形态教育者，才能进行有效的社会主义意识形态教育，才能培育出具有坚定社会主义信仰的社会主义事业的合格接班人。在课堂教学中，教育者要综合采用多种教学方法，充分调动学生的积极性和创造性。同时，教育者“无论是课上还是课下，都应严于律己，以自身的学术魅力和人格魅力去感染学生”[①]。除课堂教学外，教育者的主导作用还体现在日常生活中对学生的意识形态教育和影响中，因此教育者应以身作则、发挥榜样示范作用，把其教育影响扩散到学生的日常生活中。另一方面，要在充分发挥专业课教材和教堂教学显性教育作用的同时，积极运用社会实践交往过程中语言、活动以及其他各种形式的隐性意识形态教育功能。学校教育中，在充分发挥思政课程意识形态教育功能的同时，要积极运用其他各门各类专业课教材和课堂教学帮助学生认识到社会主义意识形态的科学性和真理性，强化家国情怀、社会责任感和文化认同感，使其将社会主义意识形态内化为自觉意识，并进一步转化为实际行动。在宣传和灌输社会主义意识形态的同时，各类专业课，尤其是人文哲学社会科学课程也应积极批判和揭露错误思潮和资本主义意识形态的虚假性、错误性，使学生在比较中更好地把握和认同社会主义意识形态。除专业课课堂教学外，教师还可以通过课后社会实践活动、与学生的日常交流谈话等隐性的方式推动社会主义意识形态和价值观潜移默化地影响学生的意识，通过显性方式和隐性方式相结合，帮助学生真正接受并内化社会主义意识形态。

---

① 邓晖．高校意识形态阵地建设根本在于教师［N］．光明日报，2015-02-06（4）．

## 三、有效教学理论

有效教学理论是西方国家20世纪上半叶教育科学化运动以及20世纪60年代能力本位的教师教学改革中的热点问题。不同教育学家对于有效教学的认知和思考存在区别。其中，布鲁姆的有效教学理论为课程思政建设提供了重要理论基础。

在布鲁姆看来，教育过程是以教学目标为依归的，教学目标的异同决定着教育过程中的策略、模式、媒体等的选取。他从认知心理学出发，将教学目标分为认知学习领域、情感领域和动作技能学习领域三个领域。①认知学习领域的教学目标。布鲁姆认为这一教学目标分为识记、理解、运用、分析、综合和评价六个能力。识记是指对先前学习过的知识材料的记忆能力；理解是把握知识材料意义的能力；运用是将学到的知识应用于新情境的能力、解决实际问题的能力；分析是把复杂的知识整理分解为部分并理解各部分之间的联系的能力；综合是指将知识的各部分重新组合，形成一个新的知识整体的能力；评价是对材料做出价值判断的能力。②情感领域的教学目标。布鲁姆将情感领域的目标分为接受、反应、价值评价、组织、价值与价值体系的性格化五个类别。接受是指学习者感受到特定现象或刺激的存在；反应是指学习者受到充分的驱动而积极反应，表现出较高的兴致；价值评价是指学习者用一定的价值标准对特定的现象、行为或事物进行评判；组织是指学习者在遇到呈现多种价值观念的复杂情境时，将价值组织成一个体系，对各种价值观加以比较，确定它们的关系及它们的相对重要性，并将各种价值整理成一个确定了关系的价值体系；价值与价值体系的性格化是指学习者通过对价值观体系的组织，逐渐形成个人的品性。③动作技能学习领域的教学目标。布鲁姆认为这一层次的教学目标主要包括知觉、定势、指导下的反应、机制、复杂的外显反应、适应、创造七个方面的内容。知觉是通过感觉器官觉察客体质量或关系的过程；定势是为了某种特定的行动或经验而作出的预备性调整或准备状态；指导下的反应是个体在教师指导下或根据自我评价表现出来的外显的行为、行动；机制是成为习惯的习得的反应；复杂的外显反应是指个体因为有了所需要的动作形式，能够从事相当复杂的行动；适应是指为了让自己的动作、活动适合新的问题情境而改变动作、活动；创造是指根据动作技能学习领域中形成的理解和技能创造新的动作、行动或操作材料。①

布鲁姆的有效教学理论对教学目标的三个领域的分析，为课程思政建设提供了理论基础。各类专业知识作为人类智慧的结晶，蕴含着改造自然、改造社会的力量。知识的运用具有方向性，在怎样运用知识的科学问题之外，还存在着为谁运用知识的价值问题。课程思政教学在传授专业知识和技能的同时，要帮助学生以知识的价值性统摄科学性与技术性，引导个体通过准确定位自我发展与国家发展的关系，主动将知识学习与报效国家、服务社会联系起来，将小我融入大我之中。同时，各类专业知识在总结和编制过程中过滤掉了个体的主观情绪、情感因素。这就要求课程思政在遵循知识传授规律的同时，将学科课程融入中华民族伟大复兴的历史征程，诠释学科知识的时代背景、民族背景和文化立场，突出学科的内在精神，以学科精神统领学科知识的叙述，以学科精神引领学科课程的价值高度，进一步充分挖掘课程中蕴含的情感因素，以情感认同为中介，增强受教育者对党的指导思想的政治认同和情感认同，坚定中国特色社会主义道路自信、理论自信、制度自信、文化自信，增强学生的社会责任感、公共精神、合作精神和团队协作能力，引导受教育者弘扬坚强勇毅、勤劳团结的民族精神，不断追求国家富强、民主、文明、和谐和社会自由、平等、公正、法治，将社会主义核心价

① 余文森，洪明，张蓉.有效教学的理论和模式[M].福州：福建教育出版社，2011：34-37.

值观内化为精神追求、外化为自觉行动。

## 第三节　高校课程思政建设的必要性

党和国家为什么如此高度重视高校课程思政建设工作？高校自身是否必须开展课程思政建设？通过分析，本书认为，高校课程思政建设的必要性集中体现在以下三个方面。

### 一、实施国家政治价值分配、确保社会主义办学方向的内在需要

国家是阶级矛盾不可调和的产物，也是实现阶级统治的工具。在阶级社会中，统治阶级凭借其经济政治实力控制着精神生产资料，进行着思想的生产、加工、分配。国家需要也必会将一定的政治价值观灌输和传导给社会个体，以促使其形成符合一定阶级利益和国家发展需要的个体政治价值观念，从而维护、巩固国家统治利益。对此，马克思、恩格斯这样写道："统治阶级的思想在每一时代都是占统治地位的思想。这就是说，一个阶级是社会上占统治地位的物质力量。同时也是社会上占统治地位的精神力量。支配着物质生产资料的阶级，同时也支配着精神生产资料。"[①]因此，统治阶级需要，也必然会通过宣传、教育等路径实现国家主导政治价值的灌输与分配。其中，学校教育是一种"将与控制物质与非物质财富的统治阶级的价值、利益、关注点相一致的文化表象

① 中共中央马克思恩格斯列宁斯大林著作编译局.马克思恩格斯选集：第1卷［M］.北京：人民出版社，2012：178.

化及付诸实践的过程”[①]。

我国高等教育承载着为社会主义现代化建设培养人才的历史使命和社会责任，其根本宗旨是通过教育活动促进人的全面发展，提升人的整体素质。而在人才素质结构中，政治素质是首要的，也是最为核心的，因为它关乎“为谁服务”“为谁培养人”的问题。早在1957年，毛泽东就指出：“除学习专业之外，在思想上要有所进步，在政治上也要有所进步……没有正确的政治观点，就等于没有灵魂。我们的教育方针，应该使受教育者在德育、智育、体育几方面都得到发展，成为有社会主义觉悟的有文化的劳动者。”[②]他特别强调要在青年学生中加强思想政治工作，要使青年懂得社会主义制度的建立给我们开辟了一条达到理想境界的道路，而理想境界的实现，要靠我们的辛勤劳动。青年学生要学习马克思主义，学习时事政治。改革开放以后，邓小平从我国社会主义现代化建设出发，提出实现社会主义现代化，科技是关键，教育是基础。他重申了毛泽东关于教育方针的论述，要求“把毛泽东同志提出的培养德、智、体全面发展，有社会主义觉悟的有文化的劳动者的方针贯彻到底，贯彻到整个社会的各个方面”[③]，并强调学校应该把坚定正确的政治方向放在第一位，教育的目标是培养有理想、有道德、有文化、有纪律的社会主义“四有新人”。“理想就是社会主义现代化。很多人只讲现代化，忘了我们讲的现代化是社会主义现代化。”[④]第八届全国人大第三次会议通过的《中华人民共和国教育法》第五条规定：“教育必须为社会主义现代化建设服务，必须与生产劳动相结合，培养德、智、体等方面全面发展的社会主义事业的建设者和接班人。”“社会主义事业的建设者

---

① 佐藤学．教育方法学［M］．于莉莉，译．北京：教育科学出版社，2016：148.

② 毛泽东．关于正确处理人民内部矛盾的问题（之三）[N]．人民日报，1957-06-19（3）.

③ 中共中央文献编辑委员会．邓小平文选：第2卷［M］．北京：人民出版社，1994：106-107.

④ 中共中央文献编辑委员会．邓小平文选：第3卷［M］．北京：人民出版社，1993：209.

和接班人”成为我国教育方针明确规定的培养目标。站在新时代的历史阶段，习近平总书记再次强调，高校培养什么样的人、如何培养人以及为谁培养人，是一个“根本问题”。[①]“我国社会主义教育就是要培养德、智、体、美、劳全面发展的社会主义建设者和接班人。”[②]而有效实现社会主义意识形态和政治价值的分配成为当前高校面临的一项重要任务。

在学校教育中，“课程是表现政治性意识形态化过程的政治性教科书，而教育实践被重新定义为这种意识形态化过程中围绕‘主导权’的政治性实践”[③]。质言之，课程教学是实现政治价值分配、确保高校社会主义办学方向的主阵地、主渠道。除充分发挥思想政治理论课在系统性宣贯马克思主义理论方面的优势外，我们有必要进一步挖掘其他各类课程的思想政治教育资源，释放各类课程的育人功能，使各类课程践行“立德树人”的教育宗旨。特别是在当前意识形态碰撞交流愈加频繁的时代，高校不仅要注重对学生进行知识和能力方面的培养，更要关注对学生进行思想引领和价值观的塑造。对此，习近平总书记强调：“要从党和国家事业发展全局的高度，坚守为党育人、为国育才，把立德树人融入思想道德教育、文化知识教育、社会实践教育各环节，贯穿基础教育、职业教育、高等教育各领域，体现到学科体系、教学体系、教材体系、管理体系建设各方面，培根铸魂、启智润心。”[④]高校人才培养体系涉及教学体系、学科体系、教材体系、管理体系等，贯通其中的是思想政治工作体系。“课程思政”作为高校思想政治工作的重要组成部分，正是通过课程体系建设，通过深化各门各类专业课

---

① 习近平 . 习近平谈治国理政：第 2 卷［M］. 北京：外文出版社，2017：376.

② 习近平 . 习近平在全国教育大会上强调坚持中国特色社会主义教育发展道路培养德智体美劳全面发展的社会主义建设者和接班人［N］. 人民日报，2018-09-11（1）.

③ 佐藤学 . 教育方法学［M］. 于莉莉，译 . 北京：教育科学出版社，2016：148-150.

④ 王晔 . 习近平在看望参加政协会议的医药卫生界教育界委员时强调　把保障人民健康放在优先发展的战略位置　着力构建优质均衡的基本公共教育服务体系［N］. 人民日报，2021-03-07（1）.

程教学目标、内容、结构、模式等方面的改革，把政治认同、国家意识、文化自信等思想政治教育导向与各类专业知识、技能传授有机融合，使思想政治教育融入各门专业课的教育教学之中，把教书育人落到实处，最终使思想政治教育无形无色却又无处不在，有效地实现了政治价值分配，为中国特色社会主义事业培养合格的建设者和可靠的接班人。

## 二、实现社会延续、政治制度再生产的必然要求

人不仅是个体性存在，更是群体性存在。“人的本质不是单个人所固有的抽象物，在其现实性上，它是一切社会关系的总和。”① 为了生存，人结成各种各样、大大小小的群体。其中，社会及产生于社会的国家是最为重要的群体。社会的延续与国家政治体制的再生产必然需要通过思想政治教育，当然也包括以课程思政为表现形式的隐性思想政治教育将既定的社会共同意识、价值观尤其是政治制度及其运行规则、规范传授给社会成员。

社会本身“是一些循着共同路线、具有共同的精神，并参照共同的目的而活动的个人聚集在一起而成的。这种共同的需要和目的，要求日益加强思想的交流和感情的和谐一致”②。社会需要通过多种方式维护人们的共同利益，其中，一个非常重要的途径就是通过思想意识、价值观教育增强社会成员凝聚力，或通过教育的方式把社会成员团结在某种思想价值观念的周围。质言之，社会的延续、稳定、有序发展必然要求个体在关注社会发展的大多问题上达成共识。因此“任何社会，为了能生

① 中共中央马克思恩格斯列宁斯大林著作编译局.马克思恩格斯选集：第1卷［M］.北京：人民出版社，2012：139.

② 赵祥麟，王承绪.杜威教育名篇［M］.北京：教育科学出版社，2006：16.

存下去……必须紧密地围绕保持其制度完整这个中心，成功地把思想方式灌输进每个成员的脑子里”[①]。高校作为传递社会主流价值观、行为方式和制度规范的重要机构，在促进社会存续、发展方面扮演着非常重要的角色。高等教育能够使社会成员，尤其是新生社会成员成为认同并恪守社会规范、价值准则和制度安排的“社会人”，最终实现社会制度和秩序的延续和发展。

从社会和国家的关系来看，“国家是社会在一定发展阶段上的产物；国家是承认这个社会陷入了不可解决的自我矛盾，分裂为不可调和的对立面而又无力摆脱这些对立面，而为了使这些对立面、这些经济利益互相冲突的阶级，不致在无谓的斗争中把自己和社会消灭，所需要的一种表面上凌驾于社会之上的力量。这种力量应当缓和冲突，把冲突保持在‘秩序’的范围以内，这种从社会中产生但又自居于社会之上，并且日益同社会相异化的力量，就是国家”[②]。国家是一个产生于社会又凌驾于社会之上的、以暴力或合法性为基础的、带有较强抽象性的权力机构。以政府为核心的国家，其核心是政治稳定与发展，而要实现这一目标，必然要求通过思想政治教育将民主、法治、公正、平等、自由等制度安排和政治规范传递给社会成员，以实现政治制度的再生产。

毋庸置疑，高校在政治制度再生产中具有举足轻重的作用。大学作为培养参与社会建设的高级人才的地方，所培养的人才是否具备一定的政治知识、明确的政治价值准则、清晰的政治价值判断能力、参与国家政治生活的积极态度和成熟的政治参与能力，关系着国家的前途和民族

① 安东尼·奥罗姆.政治社会学导论［M］.张华青，译.上海：上海人民出版社，1989：317.

② 中共中央马克思恩格斯列宁斯大林著作编译局.马克思恩格斯选集：第4卷［M］.北京：人民出版社，2012：186-187.

的命运。思想政治教育能够“通过教育的方式传递一个社会的行为规范、价值准则及政治意识形态，旨在形成共同的社会认知，并在此基础上内化为信念、外化为行为，推动人们形成共同的行为规范、价值准则及意识形态，从而建立社会的秩序性”[①]。这使得思想政治教育成为推进社会政治制度再生产的必然选择和要求。而课程思政作为隐性思想政治教育形式，在这方面具有独特优势，即它能将一系列价值规范、社会要求隐匿于专业知识教育过程之中，使学生在“不知不觉”中体会、领悟社会规范、价值准则和政治意识形态，继而形成社会政治共识，内化为信念、价值准则，外化为行为。

## 三、推进协同育人、促进新时代大学生全面发展的有力保障

“青少年阶段是人生的‘拔节孕穗期’，这一时期人的心智逐渐健全，思维进入最活跃状态，最需要精心引导和栽培。”青年阶段的大学生正处于价值观形成的关键时期，但由于他们就业压力大、就业期望值高，在日常学习生活中呈现鲜明的功利主义思想，对价值观方面的学习热情较低。不仅如此，全球化时代各种流行理论思潮，如大众文化、消费主义、价值相对主义、享乐主义、虚无主义、物质主义等甚嚣尘上，对学生产生了或多或少的消极影响。这必然要求对学生进行价值引导，以促进其在学习和掌握专业知识与技能的同时，提升德性修养，实现全面发展。而这一工作任务的完成有赖于实现思想政治理论课与课程思政的协同育人。

2016 年，习近平总书记在全国高校思想政治工作会议上指出：“高

① 王小凤.思想政治教育合法性刍议［J］.思想教育研究，2012（10）：18.

校立身之本在于立德树人……做好高校思想政治工作……要用好课堂教学这个主渠道，思想政治理论课要坚持在改进中加强，提升思想政治教育亲和力和针对性，满足学生成长发展需求和期待，其他各门课都要守好一段渠、种好责任田，使各类课程与思想政治理论课同向同行，形成协同效应。[①]”紧接着，他在学校思想政治理论课教师座谈会上再次强调：“要坚持显性教育和隐性教育相统一，挖掘其他课程和教学方式中蕴含的思想政治教育资源，实现全员全程全方位育人。”然而，长期以来，不少专业课教师认为，其教学工作的重心和根本宗旨是向学生传授相应专业理论知识和专业技能，育人工作不属于自身工作范畴，这导致专业课教师在教学组织设计与日常教学实践中轻视、忽视，甚至无视育人工作，将育人工作置于无关紧要的地位，最终造成思想政治工作与专业教育“两张皮”。思政课程处于“孤岛”状态，育人合力未能得到进一步加强，很大程度上弱化了高校立德树人成效。

推进课程思政建设有助于促进其与思政课程的协同发展，使学科建设更有深度，思政育人更有力度，破解当前高校思想政治工作“两张皮”问题。课程思政所践行的正是“把教书育人规律、学生成长规律和思想政治工作规律紧密结合起来，把立德树人内化到学校建设和管理各领域、各方面和各环节，用一流的思想政治教育体系建设引领一流的人才培养体系，使思想政治教育至柔至刚、滋润万物的精神力量融通教师的每一个课堂、贯穿学生的每一步成长，真正在‘三全育人’的大思政工作格局中，引人以大道、启人以大智，使学生成长为栋梁之材”[②]。开

① 张烁，鞠鹏.习近平在全国高校思想政治工作会议上强调：把思想政治工作贯穿教育教学全过程　开创我国高等教育事业发展新局面［N］.人民日报，2016-12-09（1）.

② 王学俭，石岩.新时代课程思政的内涵、特点、难点及应对策略［J］.新疆师范大学学报（哲学社会科学版），2020（2）：50-52.

展课程思政建设能有力改变当前专业课教师的认知模式，增进其对思政育人的理解和认同，提升其育人能力，破解专业课重智育、轻德育的局面，推进各类课程与思政课程同向同行，使高校思想政治工作形成“环岛”的协同效应，促进学生德、智、体、美、劳全面发展。

# 第二章

# 高校课程思政建设的历史、特点与经验

专业课教学中蕴含着丰富的思想政治教育契机，无论是与价值引领、精神塑造密切相关的人文社会科学课程，还是看起来与之有一定距离的自然科学课程，其课程内容往往蕴含着诸多思想政治教育资源，这意味着专业课程教学的过程，也是学生世界观、价值观和人生观形成和确立的过程。因此，自新中国成立以来，党中央和国家高度重视专业课的隐性思想政治教育价值，要求高校按照不同学科特点，促进各类学科与课程同德育有机结合，并在教育实践中积极探索，形成稳定机制。回顾新中国成立以来高校课程思政建设的发展历程、总结 70 余年来高校课程思政建设的特点与经验，对不断开创新时代高校课程思政建设新局面、更好地培养服务于中国特色社会主义事业的合格建设者和可靠接班人具有重要意义。

## 第一节　高校课程思政建设历程

尽管课程思政之“名”是近些年才提出并逐渐确立的，但自新中国成立以来我国便开启了课程思政之“实”的探索，经历了五个不同的时期。

## 一、将价值引领寓于知识教育的初步探索阶段（1949—1965年）

中华人民共和国成立以后，我国实现了从半殖民地半封建社会向人民当家作主的新社会、从新民主主义向社会主义的历史性转变，基本完成社会主义改造，党和国家的工作重心从巩固新生政权转向经济、文化建设。尽管新生政权与旧时代政权在塑造民众价值观上存在本质差异，但亦有着内在历史承继性，即教育在整个国家政治社会化体系中具有举足轻重的作用。不仅如此，新生政权的巩固与发展更需要社会主义思想意识形态灌输和现代专业文化知识教育。

毛泽东指出，中国民主联合政府的工作重点“一是肃清反动派的残余，镇压反动派的捣乱。二是尽一切可能用极大力量从事人民经济事业的恢复和发展，同时恢复和发展人民的文化教育事业”①。《中国人民政治协商会议共同纲领》明确规定，要“给青年知识分子和旧知识分子以革命的政治教育，以适应革命工作和国家建设工作的广泛需要”。这就对高校思想政治工作提出了总体要求：培养社会主义社会的全面发展的新人，即“既有政治觉悟又有文化的、既能从事脑力劳动又能从事体力劳动的人，而不是旧社会的只专不红、脱离生产劳动的资产阶级知识分子”②。根据这一总体教育目标，中央人民政府教育部于1950年8月先后印发的《关于实施高等学校课程改革的决定》和《高等学校暂行规程》开宗明义地规定“中华人民共和国的高等学校的宗旨……是培养具有高度文化水平、掌握现代科学与技术的成就并全心全意为人民服务的高级建设人才”，并将思想政治工作纳入具体任务部分的第一条：“进行革命

① 毛泽东．毛泽东选集：第4卷［M］．北京：人民出版社，1991：1466.

② 中共中央文献研究室．建国以来重要文献选编：第11册［M］．北京：中央文献出版社，1995：490-491.

的政治及思想教育，肃清封建的、买办的、法西斯主义的思想，树立正确的观点和方法，发扬为人民服务的思想。”

1957 年，毛泽东在《关于正确处理人民内部矛盾的问题》中明确提出了党和国家的教育方针，即“使受教育者在德育、智育、体育几方面都得到发展，成为有社会主义觉悟的有文化的劳动者”①。这一教育方针反映了党和国家在人才培养中对知识技能与政治素质的双重要求。1958 年，中共中央、国务院出台的《关于教育工作的指示》中明确指出：“党的教育工作方针，是教育为无产阶级的政治服务。”②根据党和国家要求，20 世纪 50 年代中后期高校思想政治工作的目标为“培养有社会主义觉悟的、有文化的、身体健康的劳动者”③，主要任务是“引导大学生正确处理红与专的关系，使大学生认识到红与专是统一的，不但应该表现在政治思想方面，而且应该表现在学习和实际行动中”④。

为培养具有社会主义觉悟的劳动者，党和国家不仅重视政治课建设，而且强调要发挥其他专业课的思想政治教育功能。1951 年，教育部印发的《关于华北区各高等学校 1951 年度上学期进行“辩证唯物论与历史唯物论”等课教学工作的指示》指出：“为了纠正政治课与业务课对立的错误认识和只有政治课才是进行思想政治教育的课的不正确的看法，‘政治课’一名称应予取消。‘社会发展史’一课应增授‘辩证唯物论部分’，改为‘辩证唯物论与历史唯物论’，与‘新民主主义论’与

① 毛泽东.关于正确处理人民内部矛盾的问题（之三）[N].人民日报，1957-06-19（3）.

② 教育部社会科学司.普通高校思想政治理论课文献选编（1949—2008）[M].北京：中国人民大学出版社，2008：38.

③ 中共中央文献研究室.建国以来重要文献选编：第10册［M］.北京：中央文献出版社，1994：318.

④ 冯刚，沈壮海.中华人民共和国学校德育编年史［M］.北京：中国人民大学出版社，2010：162-163.

‘政治经济学’同为独立的科目。”[①]

在党和国家的重视下，思想界和教育界非常关注专业课的思想政治教育功能，并强调思想政治工作是高校全部课程教学和所有教师应共同承担的职责。经济地理学家和人口学家孙敬之主张地理课教师应培养爱国主义与国际主义的精神、培养辩证唯物主义的世界观。[②]清华大学校长蒋南翔指出：“学校中的思想政治教育，应该不仅仅是政治课程所单独担当的任务，而应该成为学校中全部课程所共同担任的经常任务。学校中的每一门功课，都不仅要传授某一种知识，同时还应该贯彻着正确的思想内容，在一定程度上宣传并巩固学生辩证唯物主义的世界观及为人民服务的人生观，发扬爱国主义思想和国际主义思想。”[③]北京大学20多名教授在学校召开的座谈会上提出，对学生进行社会主义思想教育，不仅应该通过政治课，同时也应该通过每门专业课，特别是社会科学和文学的课程。因为这些课程都具有强烈的阶级性，应该在讲授中树立起鲜明的马克思列宁主义的旗帜。

在实践层面，高校按照党和国家的教育方针和思想政治工作目标，在苏联专家指导和建议下积极修订专业课教学大纲，将政治性、阶级性和思想性的内容与价值引导目标融入各门专业课教学之中。在这一时期，清华大学要求全体教师在拟订教学大纲中必须贯彻“要有政治思想性”的原则，即教学大纲要包括马克思列宁主义、毛泽东思想对这门科学发展方向的指示以及有关政策法令，并充分反映这门科学在中国发展的历史、中国学者在这方面的贡献等。如“普通物理”课的教学大纲将培养学生的唯物主义世界观、中国历史上的科学成就等内容纳入其中。

---

① 教育部社会科学司.普通高校思想政治理论课文献选编（1949—2008）[M].北京：中国人民大学出版社，2008：9.

② 孙敬之.人民地理教师怎样贯彻思想政治教育？［N］.人民日报，1949-11-29（5）.

③ 蒋南翔.论学校中的思想政治教育［N］.人民日报，1950-11-12（3）.

“机器零件”课教研组将重工业是一切工业的基础而机械制造工业又是它的核心、中国历史上的机械发明、帝国主义侵略所造成的中国机械工业的落后和新中国成立后机械制造工业的创立与发展情况、中国机械制造工业中的各种创造和成就、资本主义设计思想的落后性和危害性、苏联和新中国设计思想的优越性及其特点等内容纳入教学大纲之中。[①] 中国人民大学以马列主义、毛泽东思想的基本理论知识来武装学生的头脑，并将其作为全部课程的灵魂。同时，各门课程都贯串着爱国主义的思想教育。在俄文课本中，苏联专家编写了中国著名劳动英雄李凤莲、李永的故事，苏联英雄马特洛索夫的故事，斯大林论中国革命等作为材料。[②] 北京大学教师在讲授《中国古代史》时，特别重视讲述人民群众在历史上的地位和作用，增加了阶级斗争、农民起义等内容。西北大学“数学分析”课注重贯彻辩证唯物论的观点来分析极限的原理，中文系集中力量编写了《关于毛泽东文艺思想的研究》《新中国成立十年文学史》和《张秋香的故事》等书。

## 二、政治价值塑造超越知识传授引发德育失衡阶段（1966—1977 年）

这一时期，高校党组织普遍陷入瘫痪状态，失去了对课程思政建设工作的领导地位，高校专业课教学走向思想政治教育泛化。

1964 年 4 月，高等教育部党委在召开的直属高等学校领导干部座谈会上提出，高等教育战线必须进一步突出政治，组织广大师生员工更广泛、更深入地开展学习毛主席著作的运动，大力推动高等教育的革命和

① 吕应中 . 清华大学修订教学大纲的工作［N］. 人民日报，1953-07-04（3）.
② 柏生 . 爱国主义教育在中国人民大学［N］. 人民日报，1951-01-18（3）.

知识分子的思想改造。高校专业课教学走向了政治教育泛化。如复旦大学哲学系师生以各个时期儒法两家的斗争为主要线索来阐明中国哲学史，把哲学家的思想放在具体的历史条件下进行研究。北京大学文科、理科各系都从巩固无产阶级专政、建设社会主义的需要出发确定专业方向。

## 三、知识传授超越价值塑造再次引发德育失衡阶段（1978—1989年）

党的十一届三中全会召开以后，我国恢复了实事求是的思想路线。“以经济建设为中心”成为党和国家的中心工作，大力开展社会主义现代化建设成为我国的发展目标和重要任务。在新的历史时期，高等教育被赋予了为社会主义建设服务的神圣使命，而坚持四项基本原则是社会主义现代化建设的根本前提。邓小平多次强调：“如果动摇了这四项基本原则中的任何一项，那就动摇了整个社会主义事业、整个现代化建设事业。”[①]1985年，邓小平提出：“教育全国人民做到有理想、有道德、有文化、有纪律。”[②]同年，中共中央颁布的《关于教育体制改革的决定》中明确规定：我们所培养的人才都应该有理想、有道德、有文化、有纪律。[③]自此，培养“四有”新人成为高校思想政治工作的目标。

1978年以后，高校思想政治工作开始拨乱反正。除恢复、改革高校思想政治理论课教学外，党和国家也非常重视其他课程的育人功能和作用。1980年，教育部、团中央颁布的《关于加强高等学校学生思想政治工作的意见》指出：“思想政治工作必须紧密结合为‘四化’培养

① 中共中央文献编辑委员会.邓小平文选：第2卷［M］.北京：人民出版社，1994：173.

② 中共中央文献编辑委员会.邓小平文选：第3卷［M］.北京：人民出版社，1993：110.

③ 中共中央文献研究室.十一届三中全会以来重要文献选读：下［M］.北京：人民出版社，1987：881.

人才这个中心来进行，决不能把思想政治工作和教学、科学研究工作对立起来或割裂起来。”[①]1986年，中共中央、国务院批准国家教委《关于加强高等学校思想政治工作的决定》的通知中强调：“设有哲学社会科学院系的高等学校，应该成为马克思主义的学术研究阵地，要运用马克思主义基本原理，积极探索社会主义现代化建设中的重大问题和实际问题，并对国内外一些有影响的观点和思潮，做出正确的评介……要组织自然科学工作者和社会科学工作者协作，对自然科学发展中的哲学问题和科学技术革命对社会的影响进行研究和讨论。”[②]1987年5月，中共中央颁布的《关于改进和加强高等学校思想政治工作的决定》提出：“把思想政治教育与业务教学工作结合起来。要按照各个学科的特点，引导学生正确认识在校学习与今后工作的关系，解决好为谁服务的问题……哲学社会科学和文学艺术课程，应坚持以马克思主义为指导，努力联系我国改革和建设的实践，把思想政治教育贯穿到教学环节中去。自然科学课程的教学要注意讲述本专业在我国社会主义建设中的成就和当前要解决的重大问题。要把进行辩证唯物主义、历史唯物主义的教育同阐明本专业的理论、方法科学地结合起来，把严谨的治学态度和创新精神统一起来。”[③]

在党和国家的高度重视下，学界和教育界深入探讨专业课的育人价值，高校积极挖掘并发挥专业课教学的思想政治教育功能。1982年，中宣部、教育部召开高校政治理论教育座谈会，与会专家一致认为：“要搞好高校的思想政治教育……必须依靠全体教师和政工干部来进行。

① 教育部思想政治工作司.加强和改进大学生思想政治教育重要文献选编（1978—2008）［M］.北京：中国人民大学出版社，2008：5-6.

② 教育部思想政治工作司.加强和改进大学生思想政治教育重要文献选编（1978—2008）［M］.北京：中国人民大学出版社，2008：71.

③ 中共中央文献研究室.十二大以来重要文献选编（下）［M］.北京：人民出版社，1988：1415.

各条渠道，只能分工协作，不能相互代替……不应把全体教师和干部都应该负担的思想政治教育工作，统统压到政治教师身上。”[①]有学者还指出：“除几门马列主义理论课被纳入正规教学外，大量的思想政治教育是在‘课外’进行的，以至于一谈起教学，似乎只是与‘智育’有关，而与‘德育’关系不大，这是不行的。”[②]在实践层面上，高校积极挖掘专业课中所蕴含的思想政治教育资源。如清华大学“坚持提倡教师既教书又教人，充分发挥广大教师在思想政治教育中的重大作用[③]”，并从1981年起开设了“文学概论”和“外国文学名著选讲”课程，以马克思主义文艺观对学生课外阅读给予指导。[④]然而，改革开放初期高校开设的一些人文社会科学类课程存在指导思想不十分明确的问题，不少教师也仅仅将其作为专业知识教育课程，并未有意识地通过课程教学对学生进行价值观引导。

这种力求平衡知识教育与价值引导的努力在发展中遭遇了挫折。对现代化建设的高度重视和知识分子地位的提升，使知识教育越来越成为培养社会主义建设者和接班人的重要基础。一段时间内，高校所有教育教学活动均围绕提升学生科学文化水平而展开，轻视、忽视甚至无视思想政治工作。当时，无论是教师还是学生，都存在一种重智育轻德育的倾向，甚至出现了以智育代替德育的观念。如“学校的目标是培养人才，所谓人才，就是有知识，能干事”“学生的学习好了，表现也就随之好了”，等等。现实大学教育不恰当地放大了专业知识教育对现代化

---

① 中宣部、教育部召开高校政治理论教育座谈会　通过多种渠道教书又教人［N］.人民日报，1982-03-19（4）.

② 冯向东，刘献君.如何克服高校思想教育和业务教学“两张皮”的现象［J］.高校德育研究，1985（3）：48.

③ 北京高校学生思想政治工作会议强调　引导青年学生又红又专献身四化［N］.人民日报，1980-02-16（1）.

④ 武培真.加强正面教育　抵制精神污染　清华大学重视学生思想教育收效显著［N］.人民日报，1983-12-03（3）.

建设的意义，忽视了价值观教育的政治意义，严重影响了专业课教学中隐性思想政治教育功能的发挥。

## 四、平衡、整合知识教育与价值塑造阶段（1990—2011年）

20世纪90年代以后，面对高校思想政治工作的重大挫折，党中央和国家总结经验教训，明确要求高校强化坚持四项基本原则、反对资产阶级自由化教育，并强调要“把政治教育同各系科的教学结合起来，使‘教书育人’贯穿于学校教育全过程”①。

为充分发挥专业课教学的隐性思想政治教育功能、提升价值引导成效，国家非常重视提升高校教师尤其是青年教师的思想政治素养和理论水平。1990—1992年，中共中央印发《关于加强高等学校党的建设的通知》，中共中央宣传部、教育委员会、共青团中央联合出台《关于进一步组织高校青年师生学习马克思主义理论的通知》，均力图通过高校党建、思想政治教育工作帮助高校所有教师增强社会主义理想信念、提升马克思主义理论水平，从而更好地在专业课教学中实现价值引领和精神塑造。

以邓小平同志1992年年初的重要谈话和党的十四大为标志，改革开放和社会主义现代化建设进入了一个新的发展阶段。在新的历史时期，“以公有制和按劳分配为主体，其他多种经济成分和分配方式并存的条件下，如何坚持社会主义意识形态的主导地位，用马克思列宁主义、毛泽东思想和邓小平理论教育青少年；在进一步扩大对外开放，学

① 黄智敏，王其冰.朱开轩向人大代表汇报时说 全国高校政治思想工作取得初步成效［N］.人民日报，1990-02-11（3）.

习国外先进科学技术和管理经验的条件下，如何教育青少年正确认识我国国情，继承和发扬中华民族优秀文化传统和中国共产党领导下的革命斗争传统，树立民族自尊、自信、自强、自立的精神”①，成为高校思想政治工作面临的主要问题，也是高校德育工作的根本任务。1993年，中共中央印发的《中国教育改革和发展纲要》明确指出：在新的形势下，学校德育的根本任务是“以马列主义、毛泽东思想和建设中国特色社会主义理论教育学生，把坚定正确的政治方向摆在首位，培养有理想、有道德、有文化、有纪律的社会主义新人”②。从20世纪末到21世纪初，江泽民和胡锦涛各有侧重地进一步丰富和阐发了“四有”新人这一大学生思想政治工作目标的内涵和内容。江泽民强调，大学生要成为“理想远大、热爱祖国的人”“追求真理、勇于创新的人”“德才兼备、全面发展的人”“视野开阔、胸怀宽广的人”“知行统一、脚踏实地的人”③。胡锦涛希望当代青年“努力成为理想远大、信念坚定的新一代，品德高尚、意志顽强的新一代，视野开阔、知识丰富的新一代，开拓进取、艰苦创业的新一代”④。

围绕培养“四有”新人这一思想政治工作任务，党中央和国家不仅重视高校思想政治理论课改革创新工作，而且强调要充分发挥其他各门专业课的思想政治教育功能。对此，1994年，中共中央印发的《关于进一步加强和改进学校德育工作的若干意见》提出了三方面要求：一是

① 教育部社会科学司.普通高校思想政治理论课文献选编（1949—2008）[M].北京：中国人民大学出版社，2008：151-152.

② 教育部社会科学司.普通高校思想政治理论课文献选编（1949—2008）[M].北京：中国人民大学出版社，2008：177.

③ 江泽民.在庆祝北京大学建校一百周年大会上的讲话［N］.人民日报，1998-05-05（1）；江泽民.在庆祝清华大学建校九十周年大会上的讲话（2001年4月29日）[N].人民日报，2001-04-30（1）.

④ 胡锦涛.致中国青年群英会的信［N］.人民日报，2007-05-05（1）；胡锦涛.在庆祝清华大学建校100周年大会上的讲话［N］.人民日报，2011-04-25（2）.

明确了全体教师的育人使命，即“认真履行《教师法》规定的教书育人任务，言传身教，为人师表，引导学生德、智、体全面发展”。二是加强课程思政体制机制建设和教师队伍育人能力，即“教育行政部门和学校要加强教师思想政治工作，制定和完善有关制度、政策，采取切实措施调动全体教师的积极性与责任感”。三是按照学科、专业、课程特点有针对性地开展课程思政建设，即“按照不同学科特点，促进各类学科与课程同德育的有机结合……各门课程的建设应体现社会主义的办学方向和全面发展的办学指导思想，教学大纲和教学评估标准要有正确的思想导向”。1994 年，中共中央印发的《爱国主义教育实施纲要》明确要求：“各类大专院校都要积极创造条件，开设中国历史、文学、艺术、科技等内容的传统文化选修课，开设以爱国主义教育为主要内容的专题讲座。”为贯彻落实中共中央《关于进一步加强和改进学校德育工作的若干意见》以及《中国教育改革和发展纲要》、整体规划学校德育工作，1995 年，国家教委根据《教育法》的有关规定定制并印发的《中国普通高等学校德育大纲》强调“德育即思想、政治和品德教育，它体现教育的社会性与阶级性，是学校教育的重要组成部分。它与智育、体育等相互联系，彼此渗透，密切协调，共同育人”[①]，并明确指出：“全体教职工都负有德育工作的责任。要高度重视和充分发挥教师的育人作用。教师要树立正确的教育思想，做到言传身教。要发挥各科教学的德育功能，结合教学相关内容和各个环节，有机地对学生实施德育。”[②]1999 年，中共中央、国务院出台《关于深化教育改革全面推进素质教育的决定》，再次强调“实施素质教育，必须把德育、智育、体育、美育等

① 教育部社会科学司. 普通高校思想政治理论课文献选编（1949—2008）[M]. 北京：中国人民大学出版社，2008：162-163.

② 教育部社会科学司. 普通高校思想政治理论课文献选编（1949—2008）[M]. 北京：中国人民大学出版社，2008：167.

有机地统一在教育活动的各个环节中”。2004 年，中共中央、国务院印发的《关于进一步加强和改进大学生思想政治教育的意见》明确指出：“各门课程都具有育人功能，所有教师都负有育人职责……要深入发掘各类课程的思想政治教育资源，在传授专业知识过程中加强思想政治教育。”为深入贯彻落实《关于进一步加强和改进大学生思想政治教育的意见》，中共中央宣传部、教育部于 2005 年印发《关于加强和改进高等学校哲学社会科学学科体系与教材体系建设的意见》再次强调：“加强和改进高等学校哲学社会科学学科体系与教材体系建设……（有助于）加强大学生思想政治教育工作，引导大学生坚定马克思主义信仰、共产主义信念和建设中国特色社会主义信心，树立正确的世界观、人生观、价值观。”① 根据中央实施马克思主义理论研究和建设工程的战略部署，我国全面开展高等学校哲学社会科学重点教材建设工作。除编写修订高校思想政治理论课教材外，《马克思主义哲学》《政治学概论》《法理学》《社会学概论》《史学概论》等第一批重点教材于 2011 年基本完成编写工作，陆续在全国高校投入使用。这些重点教材比较充分地反映了马克思主义中国化的最新成果，反映了中国特色社会主义的新实践，体现了政治性、思想性、学术性的统一。如《法理学》教材系统梳理了毛泽东思想和中国特色社会主义理论体系中的法学思想，引导学生用马克思主义的立场、观点和方法认识法律和与法律有关的其他社会现象；《史学概论》教材以唯物史观作为构建教材理论体系的基础，在重点论述了历史唯物主义基本原理的同时，结合具体内容阐述和运用历史唯物主义的基本方法。②

---

① 中共中央宣传部，教育部，社会科学研究与思想政治工作司，共青团中央学校部.加强和改进大学生思想政治教育文件选编［M］.北京：中国人民大学出版社，2005：28-29.

② 赵超.努力构建充分反映马克思主义中国化最新成果的哲学社会科学教材体系——马克思主义理论研究和建设工程第一批重点教材编写出版综述［N］.人民日报，2011-01-04（5）.

在党和国家的重视和要求下，思想界和教育界也一致认为思想政治工作是高校全部课程教学和所有教师应共同承担的职责。例如有学者提出："课堂教学是教师向学生传授知识、实施智育的主要阵地，也是对学生进行德育的重要渠道……作为一名教师，一方面要千方百计地讲好课，向课堂要质量要水平；另一方面要深入钻研领会教材，深入挖掘教材中的德育因素，通过教学的各个环节，把蕴含在教材中的德育因素渗透在整个课堂教学过程中，使学生在获得科学文化知识的同时，受到良好的思想熏陶。"①在实践方面，高校积极响应，充分挖掘和发挥各类学科课程的思想政治教育功能。如复旦大学从20世纪90年代起，拓宽了本科生基础教育课程体系，增加了"中国文化史""世界文化史""中国传统文化精华""当代政治人物与政治思潮"等课程，还开设了自然学科的公共选修课，如"自然科学史""改变世界的物理学""生命科学导论"等。②西北政法学院在法学教育的课程体系与教学内容方面，结合社会主义市场经济发展和民主法治建设需求，在法的阶级性与社会性、法的继承性、政策与法律的关系、权利与义务等重要内容上，实现了价值引领与内容的充实。③

---

① 郝春玉.参与人是解决高校政治与业务两张皮的有效途径［J］.辽宁高等教育研究，1993（5）：105-106.

② 董雅华.知识·信仰·现代化：中国政治社会化中的高等教育［M］.上海：复旦大学出版社，2005：120-121.

③ 岳正文.春沃其华　秋繁其实——西北政法学院教学改革发展纪实［N］.人民日报，1998-07-10（5）.

## 五、立德树人，全面推进课程思政建设阶段（2012 年至今）

伴随着我国经济持续稳定高速增长，“社会主要矛盾已经转化为人民日益增长的美好生活需要和不平衡不充分的发展之间的矛盾”[①]，这必然要求我国经济增长实现向高质量的转变。“我国意识形态领域形势发生全局性、根本性转变，全党全国各族人民文化自信明显增强，全社会凝聚力和向心力极大提升，为新时代开创党和国家事业新局面提供了坚强思想保证和强大精神力量。”[②]但随着我国进入社会转型、经济结构调整的加速期，各种社会矛盾不断凸显，意识形态领域面临非常复杂的斗争，对我们加强意识形态领域全面领导权提出新的要求。以习近平同志为核心的党中央高度重视意识形态工作，强调意识形态工作是为国家立心、为民族立魂的，意识形态工作的领导权任何时候都不能旁落。为此，党中央高度重视青少年学生的思想政治教育工作。习近平总书记围绕“培养什么人、怎样培养人、为谁培养人”这一根本问题发表了一系列重要讲话，并作出了一系列重大部署，提出了一系列关于落实立德树人根本任务的重要论述，强调大力开展思政课建设的同时，充分发挥专业课的隐性思想政治教育功能，以实现显性教育与隐性教育的统一。

2016 年，习近平总书记在全国高校思想政治工作会议上强调：“其他各门课都要守好一段渠、种好责任田，使各类课程与思想政治理论课同向同行，形成协同效应。”[③]这一重要讲话精神明确指出其他各类课程

---

① 中共中央文献研究室．十九大以来重要文献选编：上［M］．北京：中央文献出版社，2019：8.

② 杨鹤．中共中央关于党的百年奋斗重大成就和历史经验的决议（2021 年 11 月 11 日中国共产党第十九届中央委员会第六次全体会议通过）［N］．人民日报，2021-11-17（5）.

③ 张烁，鞠鹏．习近平在全国高校思想政治工作会议上强调：把思想政治工作贯穿教育教学全过程　开创我国高等教育事业发展新局面［N］．人民日报，2016-12-09（1）.

的立德树人职责。自此，“课程思政”这一概念被正式提出并引起学界广泛关注。2017年中共中央办公厅、国务院办公厅印发的《关于深化教育体制机制改革的意见》提出：“健全全员育人、全过程育人、全方位育人的体制机制，充分发掘各门课程中的德育内涵。”2019年3月，习近平总书记在学校思想政治理论课教师座谈会上再次强调：“要坚持显性教育和隐性教育相统一，挖掘其他课程和教学方式中蕴含的思想政治教育资源，实现全员、全程、全方位育人。”①这就要求高校围绕立德树人这一核心任务，在教育教学实践中实现知识传授、价值引领和能力培养的统一。同年8月，为贯彻落实习近平总书记关于教育的重要论述，特别是在学校思想政治理论课教师座谈会上的重要讲话精神，中共中央办公厅、国务院办公厅印发了《关于深化新时代学校思想政治理论课改革创新的若干意见》，文件强调：“深度挖掘高校各学科门类专业课程……所蕴含的思想政治教育资源……发挥所有课程育人功能。”为贯彻《关于深化新时代学校思想政治理论课改革创新的若干意见》，发挥好每门课程的育人作用，教育部于2020年颁布《高等学校课程思政建设指导纲要》，为高校课程思政建设提供了指引、方向和要求。文件明确提出，课程思政建设是落实立德树人根本任务的战略举措。这一战略举措“影响甚至决定着接班人问题，影响甚至决定着国家长治久安，影响甚至决定着民族复兴和国家崛起”。“课程思政建设要在全国所有高校、所有学科专业全面推进。”②“所有高校、所有教师、所有课程都（要）承担好育人责任，守好一段渠、种好责任田，使各类课程与思政课程同向同行，将显性教育和隐性教育相统一，形成协同效应，构建全员、全

---

① 张烁，谢环驰.习近平主持召开学校思想政治理论课教师座谈会强调用新时代中国特色社会主义思想铸魂育人贯彻党的教育方针落实立德树人根本任务［N］.人民日报，2019-03-19（1）.

② 张烁.教育部印发纲要　所有高校全面推进课程思政建设［N］.人民日报，2020-06-06（4）.

程、全方位育人大格局。”①

为进一步加强和改进高校课程思政建设，党中央和教育部门高度重视教材建设和学科建设。2017年我国基本完成了高校《马克思主义哲学》《政治学概论》《宪法学》《新闻学概论》《西方经济学》等20余种专业课重点教材修订，新教材充分反映党的理论创新、社会主义核心价值观。针对学科建设，习近平总书记在2016年召开的哲学社会科学工作座谈会上强调："我国哲学社会科学的一项重要任务就是继续推进马克思主义中国化、时代化、大众化，继续发展21世纪马克思主义、当代中国马克思主义。我国广大哲学社会科学工作者要自觉坚持以马克思主义为指导，自觉把中国特色社会主义理论体系贯穿研究和教学全过程。”为进一步推进哲学社会科学创新发展，2022年4月，中共中央办公厅印发了《国家“十四五”时期哲学社会科学发展规划》，对“十四五”期间哲学社会科学发展的指导思想、根本宗旨等做了明确规定。同年5月，中共中央宣传部、教育部根据国家哲学社会科学发展规划的要求，联合颁布了《面向2035高校哲学社会科学高质量发展行动计划》，文件指出，高校哲学社会科学工作“要以育人育才为中心，坚持马克思主义指导地位……旗帜鲜明地用习近平新时代中国特色社会主义思想铸魂育人”。在学科建设顶层设计指导下，我国加大对哲学社会科学的投入。截至2022年，教育部已布局建设教育部人文社科重点研究基地151个、教育部哲学社会科学实验室30个、哲学社会科学各类协同创新中心40家；深入实施“高校哲学社会科学繁荣计划”，2012—2021年累计投入繁荣计划专项资金47.9亿元。②

---

① 张烁.教育部印发纲要　所有高校全面推进课程思政建设［N］.人民日报，2020-06-06（4）.

② 吴月.努力使中国特色哲学社会科学真正屹立于世界学术之林——党的十八大以来高校哲学社会科学发展成就综述［N］.人民日报，2022-07-07（4）.

为提升高校课程思政建设质量，各级教育部门积极开展组织建设和制度建设。2021 年，教育部成立高等学校课程思政教学指导委员会，开展高校课程思政教学研究、咨询、指导、评价和服务等工作。同时，教育部还积极开展课程思政示范项目建设，以形成示范效应。2020 年，通过组织推荐、专家遴选、会议评议和网络公示等方式，教育部设立课程思政示范课程 699 门、课程思政教学名师和团队 699 个、课程思政教学研究示范中心 30 个。[①]2017 年以来，国家社科基金、省市社科基金、教科部门加大对高校课程思政建设研究的资金支持。如上海于 2019 年启动“高校课程思政领航计划”，对入选高校给予每年 200 万元的资助。[②]

在党中央和政府的高度重视下，学界与一线教师越来越关注课程思政建设。有学者认为：“大学通识教育的根本也应是价值观教育，目的是培养为国家富强、民族振兴、人民幸福而奋斗的人，不能将这一任务一股脑儿推给思想政治理论课或马克思主义学院……应该让其他哲学社会科学学科共同担负起塑造价值观、增进政治认同的任务。”[③]有学者认为，在大学课堂仅仅讲授知识性的东西显然是不够的，通过人文专业课，帮助学生建立理性思维与立足全人类的大格局与大视野才是更为重要与迫切的内容。[④]有学者认为：“通识教育的目标绝不仅仅是传授具体学科知识，还应包括让人在学到各种知识的同时提高心智，更全面、准确地认识客观世界和人类社会。”[⑤]

在实践方面，各地、各高校积极探索课程思政建设新模式和有效路

① 吴月．努力使中国特色哲学社会科学真正屹立于世界学术之林——党的十八大以来高校哲学社会科学发展成就综述［N］．人民日报，2022-07-07（4）．

② 董少校．高校课程思政领航计划启动［N］．中国教育报，2018-06-18（1）．

③ 谈毅．通识教育要有魂［N］．人民日报，2015-03-04（7）．

④ 董鲁皖龙，赵婀娜，蔡华伟．理想的大学课堂应该什么样［N］．人民日报，2014-11-27（17）．

⑤ 宋石男．培养复合型人才　需加强通识教育［N］．人民日报，2013-04-12（7）．

径。北京市教育委员会制定并实施《全面推进北京高等学校课程思政建设工作方案》；北京理工大学推出“以学生为中心”教学能力提升系列午餐工作坊，将“课程思政”作为每一位专家分享的必选内容。上海市经过多年实践探索，课程思政已实现3个“全覆盖”：所有高校全覆盖开设“中国系列”思政选修课程、所有高校全覆盖开展综合素养课程改革、所有高校全覆盖开展专业课程育人改革。[①]天津市组织了全市首场课程思政网上集体备课，集中研究思想政治教育融入课程教学的方法途径。江西省试点双师同堂，部分高校试点推进思政课教师与其他学科专业教师同堂授课、指导实践教学。武汉大学“六院士同上一门课”，面向本科新生开设“测绘学概论”专业基础课。山东省成立高校课程思政研究中心，统筹负责省内高校课程思政研究与实践工作，建设专门网站，定期推送课程思政教学案例。东北师范大学制定的《新版人才培养方案修订指导性意见》，将“师德规范”“家国情怀”等育人指标置于毕业要求之首，并严格规定各门课程对其的支撑及权重，确保课程育人落实落细。南京大学在“宇宙简史”课程教学中，将哲学和天文学紧密融合，帮助学生树立正确的世界观、人生观和价值观；南京农业大学在以“尚茶”“农业栽培学”等为代表的课程中，将“家国情怀、法治精神、社会责任、文化自信、人文素养”融入教学内容和教学活动中。天津财经大学专门制定并下发了《天津财经大学课程思政改革精品课建设标准》，对课程内容、课程组织、教学手段与方法、实践环节等20多个指标作出详细规定。

在开展实践探索的同时，学界围绕“高校课程思政建设”这一主题积极展开理论研究。2016年，全国高校思想政治工作会议召开以后，

① 万玉凤.教育部出台《纲要》对高校课程思政建设作出整体设计和全面部署——如何将思政之盐融入课程大餐［N］. 中国教育报，2020-06-10（1）.

学界围绕课程思政现状、问题及其成因、建设路径与方法等方面进行了探索。2020年教育部印发的《高等学校课程思政建设指导纲要》将高校课程思政建设及其理论研究推向一个新的高潮。目前来看，已有多本专著就课程思政建设展开了深入探讨，主要包括三个研究主题：一是一般性课程思政建设研究。文学禹、韩玉玲在《新时代高校课程思政教学创新研究》一书中，通过深入研究高校课程思政教学现状，就新时代高校课程思政教学创新研究进行了梳理分析。王昕晔等在《高校课程思政建设与人文精神的培养》一书中，就人文精神培育融入课程思政建设的现状、问题与对策进行了讨论。王英龙等在《课程思政：我们这样设计》一书中就计算机类、自动化类、电子信息类、机械类、理化类、管理类、金融类、语言类、法学类、艺术设计类学科课程思政教学设计方式方法进行了讨论。二是特定课程或者学科的课程思政建设研究。这类专著集中探讨某一课程或某一学科课程思政建设方案、设计、路径与方法，如贾爱武在《新时代高校外语专业建设与课程思政理论与实践》一书中就外语专业相关学科的课程思政建设理论与实践进行了讨论。三是特定行业类型高校课程思政建设策略的研究。因我国高校分为综合类大学和行业类大学，因此有的学者专门就行业类高校的课程思政建设与改革举措进行了分析，如崔发展等在《石油行业高校课程思政建设的改革探索》一书中就石油类高校公共基础课、通识课、专业课等课程思政建设的意义、路径等问题进行了讨论。以“高校课程思政”建设为关键词在中国知网上检索，结果显示，2017—2018年，关于高校课程思政建设的研究处于初步探索期，理论研究论文分别为4篇、28篇。进入2019年后，高校课程思政建设开始引起广大学者和一线教师的关注，并形成了大量理论研究论文。2019—2022年，研究论文数量分别为101篇、250篇、411篇、470篇。2017—2022年课程思政研究论文发表数量总体变化趋势如图2–1所示。

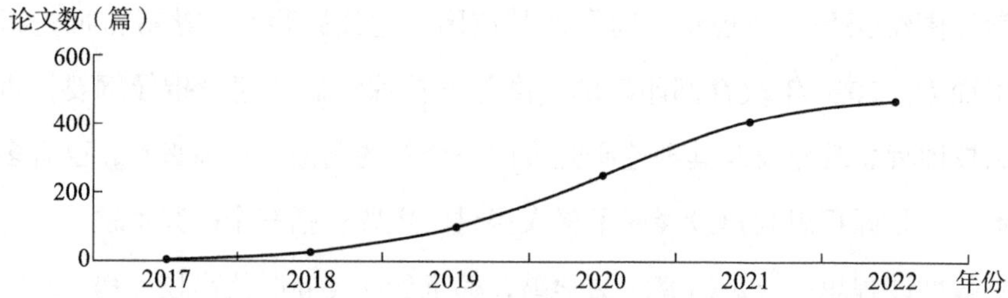


**图 2-1　2017—2022 年课程思政研究论文发表数量总体变化趋势**

从研究主题分布来看，学者们分别针对课程思政的概念、价值、实践路径与方法等问题进行了讨论。不仅如此，还有学者就高校课程思政建设现状、问题及其成因、对策等展开了分析。也有学者基于协同育人、“三全育人”、立德树人等视角，就如何有效推进高校课程思政建设进行了探究。具体情况如图 2-2 和图 2-3 所示。

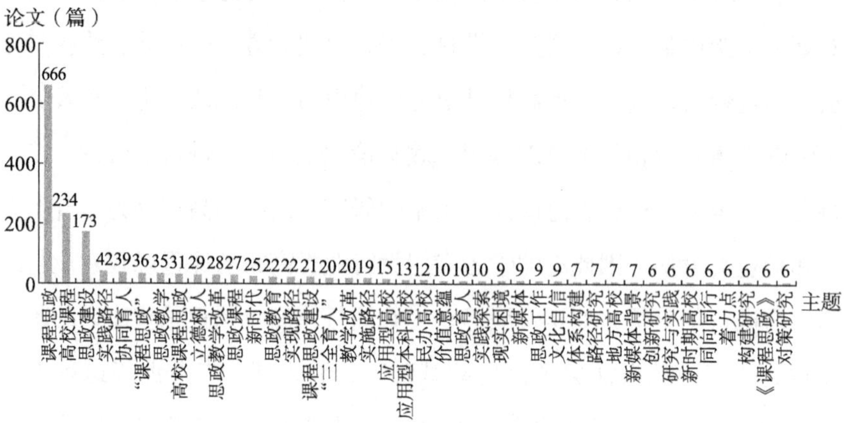


**图 2-2　课程思政研究论文主要主题分布**

从学科分布角度看，当前学界在探讨课程思政建设一般性原则、方式方法等问题的基础上，就专业课程的思想政治教育资源挖掘、教学方法优化等方面进行了讨论。如有学者就计算机软件及计算机应用、外国语言文学、建筑科学与工程、文艺理论、贸易经济、地理、中国语言文学等学科的课程思政建设路径与方法展开了讨论。

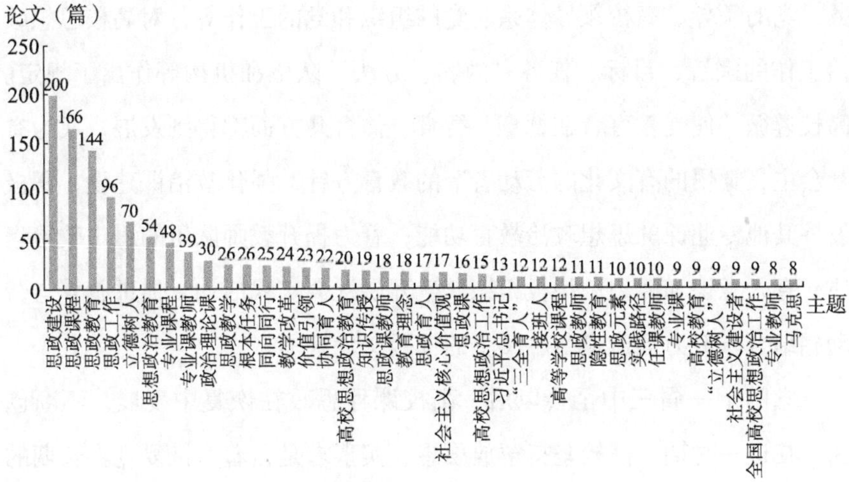


**图 2–3　课程思政研究论文次要主题分布**

## 第二节　高校课程思政建设特点

新中国成立以后，我国走过了 70 余年波澜壮阔的伟大历程。在这 70 余年中，社会主义中国深刻变革、快速发展的同时，高校课程思政开拓创新、不断深化，呈现出以下五个方面的特点。

### 一、注重整体规划，通过顶层设计与实践探索的双向互动优化课程思政建设格局

1949 年以来，我国积极构建和完善高校课程思政建设机制体制，从根本上保障课程思政建设工作的有序开展，并取得了显著成效。

新中国成立伊始，高校建设和发展工作收归中央统一集中管理。这一时期，中央相继出台《关于实施高等学校课程改革的决定》《高等学校暂行工作条例》《关于教育工作的指示》等文件，明确了高校基本任

务、党的领导、高校领导体系、党的组织和党的工作等，对高校思想政治工作的宗旨、目标、任务、内容、方法、队伍和机构等作出了规定。高校遵循“使受教育者在德育、智育、体育几方面都得到发展，成为有社会主义觉悟的有文化的劳动者”的教育方针，强化政治课建设，积极发挥其他专业课的思想政治教育功能；着力提升教师队伍的思想政治素质、育人意识和能力；积极组织学生开展社会实践活动，促进教育与劳动相结合；努力营造自由、民主的校园文化氛围。

党的十一届三中全会以后，高校课程思政在恢复中发展，不断创新。在这一时期，高校坚持解放思想、实事求是，着力恢复党在长期的革命和建设中形成的思想政治工作优良传统，准确定位专业课在高校德育中的地位，积极推进专业课教学改革，不断丰富教学内容，实现教学方式方法的多样化，强化高校教师队伍建设，从师德师风、育人意识与能力等多个方面提升专业课教师的课程思政建设水平。从党的十三届四中全会到党的十六大，高校课程思政建设不断加强和改进。这一时期，党确立了高等学校党委领导下的校长负责制，强调把德育放在学校工作的首位。我国相继制定并出台了《中共中央关于进一步加强和改进学校德育工作的若干意见》《中国教育改革和发展纲要》《中国普通高等学校德育大纲》，深入开展教师队伍建设，明确教师的教书育人职责，鼓励教师言传身教、为人师表，引导学生全面发展；大力推进各类学科与课程同德育的有机结合，积极开设人文、社会科学类选修课程；开展校园文化建设，广泛开展丰富多彩、积极向上的学术、科技、体育和艺术活动，努力净化校园环境；加强社会实践，促进教育与生产劳动相结合，有效拓展社会实践活动的形式与覆盖面。党的十六大以后，高校课程思政建设进入加强、创新发展时期。在这一时期，面对 21 世纪新阶段大学生思想政治教育所面临的新课题、新要求，我国相继印发《关于进一步加强和改进大学生思想政治教育的意见》《关于加强和改进高等学校哲学社会科学学科体系与教材体系建设的意见》《关于进一步加强和改进师德建设的意见》等文件，实施马克思主义理论研究和建设工程，全面开展高等学校哲学社会科学重点教材建设，努力探索新形势下专业课教学在思想政治教育中的重要作用与价值；大力加强教师队伍建设，积极营造良好社会环境和校园文化氛围；以“以人为本”为教学理念，以理想信念教育为核心，以爱国主义教育为重点，以思想道德建设为基础，以促进大学生德、智、体、美全面发展为目标，大力推进高校课程思政建设创新发展。

党的十八大以来，高校课程思政建设工作进入了全面推进时期。在这一时期，教育部颁布《高等学校课程思政建设指导纲要》，为高校课程思政建设提供根本依据。高校课程思政教学指导委员会成立，为课程思政建设提供咨询与指导。高校课程思政建设以全面发展为目标，坚持以知识传授和价值引领相统一、显性教育和隐性教育相统一、统筹协调和分类指导相统一、总结传承和创新探索相统一为原则，积极推进习近平新时代中国特色社会主义理论体系进教材、进课堂、进头脑，不断加强马克思主义理论、党的创新理论、社会主义核心价值观、中华优秀传统文化、宪法法治、职业理想和职业道德教育；强化课堂教学管理，修订课堂教学管理规定、课程目标设计、教学大纲；改革创新教育教学方法，积极适应学生认知方式、学习方式的转变；积极推进现代信息技术在课堂中的应用，创新课堂教学模式；综合运用第一课堂和第二课堂，特别是深入挖掘第二课堂的思政教育元素，深入开展多种形式的社会实践、志愿服务、实习实训活动，拓展课程思政建设方法和途径；大力加强教师队伍建设，努力营造良好社会环境和校园文化氛围。

## 二、坚持全方位、全过程育人，积极推进第一课堂与第二课堂良性循环

第一课堂是指课堂教学，其核心功能和职责是理论讲授。第二课堂是指作为第一课堂延伸和拓展的课外实践活动，其核心职责是实践学习。新中国成立以来，高校课程思政建设之所以能取得显著成效，原因之一就是积极推进第一课堂与第二课堂良性循环，使理论学习与实践体验相结合，帮助学生增强价值认同、锻炼毅力品格、坚定理想信念。

就第一课堂而言，高校通过各门各类专业课程教学以间接、隐性的方式影响学生的价值观。1949 年以来，高校按照国家要求，根据不同学科特点，积极开设人文、社会科学类选修课程，鼓励教师充分挖掘专业课中的政治价值观教育资源，力图与思想政治理论课同向同行，实现协同育人。就第二课堂而言，高校不仅鼓励学生参与学校公共生活，而且积极组织学生开展社会实践活动，从而引导他们增进对国家主导价值观的领悟和认同，提升德性修养。

校园文化是大学生生活和学习的重要领域，是第一课堂的延伸。校园文化具有知识密集性、信息广泛性和思想活跃性的特征。学生身处其中，必然受到校园文化这种特殊文化的强烈影响。社会主义核心价值观、理想信念等通过校园文化折射和过滤逐步传递给学生。新中国成立之初，党和国家就倡导营造自由、民主的校园文化氛围，鼓励学生积极参与学校公共生活，继而形成正确的价值观。改革开放以后，高校校园文化逐步活跃并蓬勃发展起来，校园文化内容不断充实、丰富，思想文化活动形式多样，对学生人生观、价值观的形成和发展具有重要影响。1995 年，国家教委根据《教育法》的有关规定定制并印发的《中国普通高等学校德育大纲》强调："加强校园文化建设，优化育人环境，发挥环境的育人功能。要加强校风建设；开展各种文明健康的文化、科技

和体育等活动；建设‘文明、整洁、优美、有序’的校园环境；加强广播、影视、报栏、专刊等宣传舆论阵地的建设和管理，丰富精神生活，发挥正确的舆论导向和宣传教育作用；充分利用和发挥社会主义文化建设和大众传媒对德育的积极作用。”①

进入21世纪后，国家高度重视校园文化建设。2004年，教育部、共青团中央印发的《关于加强和改进高等学校校园文化建设的意见》提出了校园文化建设的主要任务：积极开展校园文化活动，把德育与智育、体育、美育有机结合起来，寓教育于文化活动之中。②在党和国家的重视下，高校积极开展校园文化建设。如武汉大学重视发挥思想政治工作环境氛围的感染、熏陶作用，在实践中以校园自然环境建设为基础，以树立良好的校风、学风为重点，先后成立了大学生艺术团、教授合唱团等，每年举办“珞珈之春”“珞珈金秋”文化艺术节；每年为学生开设艺术、文化类选修课58门；定期举办文化艺术培训班，每年参加人数达3000余人次；开展系列学术报告，弘扬民族文化和民族精神；举办科技文化节和学习竞赛；等等。③

参与社会实践是学生深化理论学习的重要路径。长期的校园学习与生活使得学生缺乏与社会的接触和对国情的了解，容易出现思想政治方面的“幼稚病”。因此，加强社会实践，有助于学生开阔视野、理论联系实际，继而形成正确的政治观、人生观、价值观。新中国成立伊始，教育部发布的《关于实施高等学校课程改革的决定》强调：“高等学校的教师……应该有计划地组织学生的实习和参观，并将这种实习和

① 教育部社会科学司.普通高校思想政治理论课文献选编（1949—2008）[M].北京：中国人民大学出版社，2008：167.

② 教育部思想政治工作司.加强和改进大学生思想政治教育重要文献选编（1978—2008）[M].北京：中国人民大学出版社，2008：391-392.

③ 胡村.夯实基础　拓宽内容　注重建设武汉大学思想政治工作重在创新［N］.人民日报，2000-08-07（5）.

参观，作为教学的重要内容。”针对高校中不少学生为人民服务、为祖国社会主义建设事业服务的思想尚未明确树立起来，追求个人安逸、轻视劳动，不问政治、轻视政治，认为“学好技术，不问政治也可以为人民服务”等问题，教育部副部长刘子载于1955年在高等工业学校综合大学校院长座谈会上明确指出“必须改进课外教学……加强与课内教学活动配合”①，要求以组织学生进行社会劳动等方式强化学生社会实践活动。在党和国家的重视和引导下，高校积极组织社会实践活动。1958年，各地高校贯彻教育与生产劳动相结合的方针，组织学生参加生产劳动、参加社会公益劳动。当时，高校理工科学生尽可能参加与所学专业相结合的生产劳动。文法科学生除在校内参加劳动外，一般都有比较多的时间下厂、下乡参加生产劳动，并且结合生产劳动、实际工作进行调查研究，开展与本专业有联系的教学工作。许多学校还和工厂企业单位协作，使教育和生产劳动相结合。例如，北京市有的高等学校组织学生到野外进行生产和学习，还有的和人民公社联系准备在公社里学习和劳动、进行科学研究；有些中等学校和工厂企业挂钩，在学校内建立卫星工厂，作为学生参加生产劳动的基地。同时，各地学校都陆续对学校原来办的工厂、农场进行整顿，以便使生产劳动更好地结合专业，为提高教学质量服务。

针对20世纪80年代初期高校课程思政建设存在的理论学习与社会实践相脱离的问题，80年代中期开始，在教育部门和共青团推动下，大学生社会实践活动广泛开展。1984年，中共中央宣传部、教育部印发的《关于高等学校学生参加生产劳动的若干规定》明确要求学生在理论学习的同时，参与社会生产实践活动。1987年5月，中共中央制定

---

① 教育部社会科学司.普通高校思想政治理论课文献选编（1949—2008）[M].北京：中国人民大学出版社，2008：23.

并出台《关于改进和加强高等学校思想政治工作的决定》，文件强调："青年学生只有在学习科学文化知识的同时积极参加社会实践，更多地了解国情，了解社会主义建设和改革的实际，了解人民群众的思想感情，才能树立起为建设社会主义祖国而献身的信念，逐步锻炼成为有用人才……（高校）应根据不同学科、不同年级的特点，采取不同的内容和方法，组织学生参加社会实践。业务实习、军事训练和公益劳动、生产劳动都要纳入教学计划，还要鼓励学生利用假期进行各种有益的社会实践活动。"①同年6月，国家教委、共青团中央联合印发《关于广泛组织高等学校学生参加社会实践活动的意见》，指出各高校除认真搞好已被列入教学计划的生产实习和社会实践外，还要把在暑假和课外组织学生参加社会实践活动作为高等教育的重要组成部分。本科生在校期间至少应利用寒暑假和课外实践参加2次社会实践活动。②1988年，中共中央宣传部、教育委员会、共青团中央联合发出通知，要求各地和高校的共青团组织、教育行政部门在暑期社会实践活动中，把思想政治教育贯穿社会实践活动的始终。20世纪80年代中期开始，各省市、各高校按照国家对学生社会实践活动的要求积极组织学生参与社会实践活动。1987年，北京、上海、天津、四川、江苏、安徽、辽宁、吉林、山东、山西等省市的10万多名大学生深入工厂、农村、部队、街道，或回到家乡，广泛开展了社会调查、知识咨询、科技服务、军事训练等活动。③同年，上海市1万余名学生利用假期参加了社会实践活动，开展了思想与社会发展等课题调查。华东政法学院的学生结合专业开展社会实践活动，有500余名学生到公、检、法和律师事务部门，当"义务检

① 教育部社会科学司.普通高校思想政治理论课文献选编（1949—2008）[M].北京：中国人民大学出版社，2008：124.

② 金铁宽.中华人民共和国教育大事记[M].济南：山东人民出版社，1995：1757.

③ 张立新.了解国情民心　上了生动一课　十多万大学生寒假参加社会实践[N].人民日报，1987-02-26（3）.

察官”“见习法官”，为司法、律师事务部门服务。上海工业大学化学化工系的14名学生，奔赴江苏南通市考察。[①]通过社会实践，学生懂得了许多在课堂上、校园里一时难以理解的道理，感到上了一堂生动、现实、具体的形势政策教育课，国情、民情课，优良革命传统课。例如，辽宁、上海、北京等地的学生反映，参加社会实践活动，使他们目睹了社会蓬勃发展的大好形势和改革、建设的显著成就，感到非常振奋。北京师范大学的学生到石家庄考察了造纸厂、东方塑料联合公司等几家先进企业后，在总结中写道：在这次活动开始前，可以说我们对社会、对改革的认识和了解是零星的、片面的，因此往往以偏概全。这次社会实践活动使我们亲自体验到改革的浓厚气息和勃勃生机，深感只有坚定不移地坚持四项基本原则，有条不紊地进行改革，中国才有前途，而空喊民主、自由是不切实际的。[②]

20世纪90年代，大学生社会实践活动已经广泛开展了。为进一步改进大学生社会实践活动，国家相关部门相继印发《关于广泛深入持久地开展高等学校学生社会实践活动的意见》《关于进一步加强和改进学校德育工作的若干意见》《中国普通高等学校德育大纲》，明确提出“推动青年学生走与实践相结合、与工农群众相结合道路的有效途径”[③]。“高校要把社会实践纳入教学、教育计划，组织学生参加社会调查、生产劳动、科技文化服务、军政训练、勤工俭学等活动。”“学校要把劳动教育、军政训练、社会实践纳入教学、教育计划，有组织地开展各类社

---

① 郭礼华.上海万余名大学生寒假参加社会实践　投身大世界　跳出小天地［N］.人民日报，1987-02-21（3）.

② 张立新.了解国情民心　上了生动一课　十多万大学生寒假参加社会实践［N］.人民日报，1987-02-26（3）.

③ 教育部思想政治工作司.加强和改进大学生思想政治教育重要文献选编（1978—2008）［M］.北京：中国人民大学出版社，2008：170-171.

会实践活动，在活动中加强思想政治教育。”[①]这一时期大学生社会实践活动形式不断拓展，形成了业务实习、军事训练、社会调研等多种形式。在实践中，大学生发挥其专业知识技能优势，服务国家建设，增进对国情、民情的了解，增强了社会责任感和使命感。例如，北京团市委等单位组织的“百支科技服务队”以科技支农、科技扶贫、科技开发及成果转让、医疗服务、文化培训小分队的方式到全国各地及京郊地区开展科技文化活动，组织首都12万名大学生结合科技文化活动服务社会、服务人民，促进科技成果向生产力进一步转化。北京科技大学组织10余支科技服务队，其中，化学系拟由系主任亲自带队，到延安钢铁厂去进行技术攻关服务，结合勤工助学活动培养学生的自立意识、成才意识。北京中医学院组织学生到广西北海进行考察。市学联组织部分高校学生会主席到山东地区进行学习考察活动。中国人民大学学生骨干为纪念毛主席诞辰100周年，组成考察团去“追寻太阳的足迹”。[②]江苏省和高校共组织15万名大学生、1000支社会实践小分队，分赴各地开展活动，陆续投入以“推进区域共同发展，服务千家困难企业”为主题的暑期社会实践活动。江苏许多高校还陆续制定了学生社会实践活动管理条例，使全省社会实践活动逐步向制度化、规范化方向发展。南京机械专科学校规定在校学生参加社会实践，本科生不少于40天，专科生不少于30天。河海大学把社会实践列为学生的必修课，计入学分。中国矿业大学、扬州大学、南京理工大学等高校还着手试行《大学生社会实践合格证书》制度。[③]

21世纪以来，党和国家更加重视社会实践活动的思想政治教育功

① 教育部社会科学司.普通高校思想政治理论课文献选编（1949—2008）[M].北京：中国人民大学出版社，2008：167.

② 张学军.首都12万大学生参加暑期社会实践[N].人民日报，1993-07-24（3）.

③ 奚彬.江苏大学生投身暑期社会实践[N].人民日报，1996-07-09（5）.

能。教育部等有关部门相继出台《关于进一步加强和改进大学生社会实践的意见》《高校思想政治工作质量提升工程实施纲要》，明确了社会实践对大学生成长成才、强化政治价值认同和践行的意义，并提出要“扎实推动实践育人……丰富实践内容，创新实践形式，广泛开展社会调查、生产劳动、社会公益、志愿服务、科技发明、勤工助学等社会实践活动，深入开展好大学生暑期‘三下乡’‘志愿服务西部计划’等传统经典项目”。在党和国家的号召下，大学生积极投身志愿服务西部计划、贫困地区支教计划、青春红丝带志愿行动等活动，在这些社会志愿服务活动中，逐步认识到自己的社会责任。同时，在学校组织下，大学生还积极利用寒暑假和其他节假日开展调研走访活动，深化了对国家主导政治价值观的认识和认同，并提升自身参与社会的能力。2018 年，清华大学组织 70 余名中外学子分赴深圳、上海、嘉兴等地进行实践调研，在调研中，学生们深刻地了解了我国经济在新时代由高速增长阶段转向高质量发展阶段的问题，对自身责任和使命有了新认识。同年，北京科技大学组织 150 名同学建立了 8 支大学生社会实践团，分赴海南、深圳等地开展改革开放成果、精神、经验等方面的调研，通过调研，学生们深化了对历史前进逻辑和时代发展潮流的认识。[①]

## 三、紧扣时代主题，与时俱进把握立德树人各阶段的育人目标

新中国成立以来，我国根据时代主题和意识形态工作重心的变化，

① 丁雅诵.改革开放40周年之际，高校青年学子广泛开展社会实践活动——追寻历史征程汲取前进力量（教育眼）[N].人民日报，2018-07-19（18）.

不断调整并准确把握立德树人的阶段性任务，将其作为高校课程思政建设的根本指向。

新中国成立初期，高校面临的时代任务是引导大学生了解新生人民政权、认同社会主义制度并自觉投身国家建设。培养“既有政治觉悟又有文化的、既能从事脑力劳动又能从事体力劳动的人，而不是旧社会的只专不红，脱离生产劳动的资产阶级知识分子”[①]成为这一时期高校思想政治工作的主要任务，继而成为课程思政建设目标。根据这一育人目标，高校以“又红又专”为导向，积极探索专业课教学中的政治价值观教育内容融入的有效路径与方法。党的十一届三中全会召开以后，邓小平提出，要“教育全国人民做到有理想、有道德、有文化、有纪律”[②]。培育服务于社会主义“四化”建设的“四有新人”、体现社会主义办学方向和全面发展的办学指导思想，成为这一时期高校课程思政建设的任务和目标。党中央和国家号召全体教师积极投入教书育人工作之中，将思想政治教育与专业课教学工作结合起来。进入21世纪以后，《关于进一步加强和改进大学生思想政治教育的意见》首次提出以“培养中国特色社会主义事业的建设者和接班人”为高校思想政治工作的目标，这也成为课程思政建设的目标导向。围绕这一目标，高校鼓励教师深入发掘各类课程的思想政治教育资源，将思想政治教育融入专业知识教育过程。党的十八大以来，党中央和国家明确了“我国社会主义教育就是要培养社会主义建设者和接班人”，高校的根本任务是立德树人，而课程思政建设是落实立德树人根本任务的战略举措。围绕“培养什么样的人”，习近平总书记在2019年纪念五四运动110周年大会上提出“新时代中国青年要继续发扬五四精神，以实现中华民族伟大复兴为己任，不

① 中共中央文献研究室.建国以来重要文献选编：第11册［M］.北京：中央文献出版社，1995：490-491.

② 中共中央文献编辑委员会.邓小平文选：第3卷［M］.北京：人民出版社，1993：110.

辜负党的期望、人民期待、民族重托”，并对新时代青年提出了六点要求，即要树立远大理想、热爱伟大祖国、担当时代责任、勇于砥砺奋斗、练就过硬本领、锤炼品德修为。这些要求成为新时代高校课程思政建设的具体目标。

## 四、不断探索，及时校准价值引导与知识传授的关系

课程思政是一种隐性思想政治教育形式，以间接的、内隐的、不明确的方式，通过学生无意识的、非特定的心理反应机制来影响学生思想品德和价值观的形成与发展。在课程思政建设中，专业课教学内容是“皮”，思想政治教育是“毛”，即价值引导附着于专业知识传授和能力培育之上。正确处理价值引导与知识传授的关系，是课程思政建设的关键。

新中国成立之初，党和国家就要求学校所有课程承担思想政治教育的任务，通过专业课教育，帮助学生形成正确的世界观和人生观。按照这一要求，高校积极修订专业课教学大纲，将价值引导目标融入各门专业课的教学工作，并取得了显著成效。改革开放以后，党和国家要求高校专业课教学必须紧密结合为“四化”培养人才这个中心来进行，规避以往的过度政治教育泛化问题。然而，对现代化建设的高度重视和知识分子地位的提升，使专业课教学出现了重智育轻德育，甚至以智育代替德育的问题，价值引导与知识传授走向割裂、分离。20 世纪 90 年代以后，在反思和总结经验教训的基础上，党和国家提出高校各门课程建设应体现社会主义的办学方向，要深入发掘各类课程的育人资源，在传授专业知识过程中加强思想政治教育。高校积极响应，积极挖掘和发挥专业课的育人功能。

## 五、持之以恒强化师资队伍建设，着力增强教师育人意识与能力

1949年以来，党中央和国家高度重视高校教师队伍建设，力图引导教师坚定理想信念、提升道德情操、扎实学识、富有仁爱之心，成为学生锤炼品格的引路人、学习知识的引路人、创新思维的引路人、奉献祖国的引路人，这也是高校课程思政取得显著成效的一项重要经验。

第一，加强师德师风建设。教师的一言一行是大学生走向“成人”和“定型”的直观范本。新中国成立伊始，教育部印发的《关于实施高等学校课程改革的决定》中明确提出：“提高师资的质量和培养新的师资是实施课程改革的关键，因此全国高等学校的教师应努力加强自觉的政治学习、业务学习及研究工作。”[①]1951年，周恩来总理在北京、天津高等学校教师学习会上发表的题为《关于知识分子的改造问题》的讲话中，强调知识分子在立场上要实现“民族立场进一步到人民立场，更进一步到工人阶级立场”[②]的发展，必须有明确的态度，“首先要分清敌我友，谁是我们的敌人，谁是我们的朋友”。[③]在中央人民政府教育部的统一领导下，北京、天津、山东、重庆、西北地区各高等学校的教师开展了系统的思想改造学习运动，帮助教师树立全心全意为人民服务的思想，用马克思列宁主义思想来武装自己，抛弃个人主义、自由主义的庸俗观点和欧美反动资产阶级的文化思想。1955年，高等教育部印发的《一九五四年的工作总结和一九五五年的工作要点》明确指出：“进一步研究帮助教师加强思想改造，加强唯物论、马克思列宁主义和时事

---

① 何东昌.中华人民共和国重要教育文献（1949—1975）[M].海口：海南出版社，1998：48.

②③ 何东昌.中华人民共和国重要教育文献（1949—1975）[M].海口：海南出版社，1998：121.

政策学习的具体做法，以便结合教学，结合科学研究，逐步开展学术思想批判工作，提高其政治和业务水平。”1957 年，周恩来在《政府工作报告》中强调：“应该继续努力，逐步地学好马克思列宁主义，使自己具备正确的政治观点。”这一时期，党和国家通过鼓励教师开展批评与自我批评、大辩论、参加生产生活实践等方式提升高校教师思想政治素质。

改革开放以后，党和国家明确要求加强教师队伍思想政治教育工作。1985 年，中共中央、国务院印发的《国家教委关于加强高等学校思想政治工作的决定》中强调“必须认真帮助教师提高思想政治水平”。20 世纪 80 年代末期，高校思想政治工作遭遇挫折之后，李鹏于 1992 年在国家教委教育工作会上指出要“把建设一支又红又专的教师队伍，全面提高教育质量，摆在教育工作的突出位置”[①]。根据党和国家对高校教师师德师风建设的要求，各地高校结合实际勇于探索、积极实践。例如，浙江大学以学习《教师法》《高等教育法》为重点，开设了 28 个法制专题讲座，教师参加普法考试的合格率达 100%。[②]进入 21 世纪之后，教育相关部门相继出台《关于加强高等学校本科教学工作提高教学质量的若干意见》《关于进一步加强和改进大学生思想政治教育的意见》《关于进一步加强和改进师德建设的意见》，就高校加强师德建设提出了要求，明确指出：“广大教职员工都负有对大学生进行思想政治教育的重要责任。”[③]

党的十八大以来，我国更加重视高校教师师德师风建设工作，并出台多项政策和措施。2012 年，国务院印发了新中国第一个全面部署教

① 尹鸿祝，赵卫，毕全忠. 李鹏在教育工作会上讲话强调建设一支又红又专的教师队伍 落实丰富发展中国特色社会主义教育体系的原则方针［N］. 人民日报，1992-01-11（1）.

② 董洪亮. 营造良好的育人环境——高校党建工作综述［N］. 人民日报，2002-01-29（6）.

③ 教育部思想政治工作司. 加强和改进大学生思想政治教育重要文献选编（1978—2008）［M］. 北京：中国人民大学出版社，2008：382.

师队伍建设工作的纲领性文件——《关于加强教师队伍建设的意见》，文件强调要全面提高教师思想政治素质、构建师德建设长效机制，对教师实行师德表现一票否决制。同年，教育部、中国教科文卫体工会全国委员会制定印发《高等学校教师职业道德规范》，为高校师德建设提供了一面宝贵的“镜子”。2014 年 9 月，习近平总书记同北京师范大学师生座谈时突出强调了师德的重要性，从有理想信念、有道德情操、有仁爱之心等方面提出了明确要求。为深入学习贯彻习近平总书记同北京师范大学师生座谈时的重要讲话精神，教育部提出要加强教师思想政治教育，强化政治理论学习，开展形势政策教育，不断提高教师的思想政治素质和道德修养，使教师努力在是非、善恶、曲直、义利、得失等方面为学生作出榜样；加强中华优秀传统文化教育，提高教师的民族文化自信和价值观自信。同年 10 月，教育部印发《关于建立健全高校师德建设长效机制的意见》，提出了高校教师师德禁行行为，主要包括：损害国家利益，损害学生和学校合法权益的行为；在教育教学活动中有违背党的路线方针政策的言行；在科研工作中弄虚作假、抄袭剽窃、篡改侵吞他人学术成果、违规使用科研经费，以及滥用学术资源和学术影响；影响正常教育教学工作的兼职兼薪行为；在招生、考试、学生推优、保研等工作中徇私舞弊；索要或收受学生及家长的礼品、礼金、有价证券、支付凭证等财物；对学生实施性骚扰或与学生发生不正当关系；其他违反高校教师职业道德的行为。①2016 年，全国高校思想政治工作会议之后，从中央到地方均大力提升教师队伍思想政治素质，全面加强师德师风建设，深入推进“教师思政”工作。此后，中共中央、国务院先后出台《全面深化新时代教师队伍建设改革的意见》《深化新时代教育

① 董洪亮，黄千.高校师德有了“红七条”禁止抄袭剽窃、索要礼品等［N］.人民日报，2014-10-10（12）.

评价改革总体方案》，指出："把提高教师思想政治素质和职业道德水平摆在首要位置……突出全员全方位全程师德养成，推动教师成为先进思想文化的传播者、党执政的坚定支持者、学生健康成长的指导者。""坚持把师德师风作为第一标准。"按照党和国家有关高校教师师德师风建设的规划和要求，高校积极探索并推进师德师风建设工作的落实。如四川大学出台了《关于加强和改进新时代教师思想政治工作的实施办法》，着重抓好青年教师、海外归国教师的政治引领和理想信念教育。[①]

第二，着力增强教师的课程思政意识和能力。教师的育人意识和能力直接影响着课程思政建设成效。党中央和国家多次强调高校要积极引导专业课教师围绕立德树人这一根本任务，不断增强课程思政意识和能力。新中国成立初期，针对不少高校教师在思想政治工作任务认识上的偏差，习仲勋于1954年在全国文化教育工作会议上作了题为《1954年文化教育工作的方针和任务》的报告，强调："特别是要加强高等学校中的政治思想教育，向学生进行国家过渡时期总路线的教育和马克思列宁主义基础知识的教育，以便为国家培养出大批的忠实于社会主义事业而又有一定科学技术知识的专门人才。"[②]1955年，教育部原副部长刘子载在高等工业学校综合大学校院长座谈会上明确指出："一切新中国的教师，不管他们教哪门课，都应在教学中对学生进行政治思想教育。不应该只注重传授业务技术知识，还应该结合业务技术知识的教育随时进行政治思想教育和道德品质教育。"[③]

改革开放以后，党中央明确指出知识分子是工人阶级的一部分，从

① 董洪亮，等.抓住培养社会主义建设者和接班人这个根本［N］.人民日报，2018-05-29（4）.

② 何东昌.中华人民共和国重要教育文献（1949—1975）［M］.海口：海南出版社，1998：294.

③ 教育部社会科学司.普通高校思想政治理论课文献选编（1949—2008）［M］.北京：中国人民大学出版社，2008：22.

根本上改变了教师的地位，其教书育人的使命与职责得以恢复。1986年，邓力群指出，广大教师要把教书育人的任务承担起来，培养出社会主义现代化建设需要的人才。中宣部副部长滕藤强调，教书育人是对教师的普遍要求，应将其作为教育改革中的一个重要的方向性问题来对待。[①] 同年11月，万里同十二所大学负责人和教师讨论时指出："教师既要教书也要育人。[②]"针对高校教师队伍中存在少数教师对国家建设和改革实际了解不够等问题，中共中央于1987年出台《关于改进和加强高等学校思想政治工作的决定》，明确要求学校"要认真组织教师的政治学习，倡导教师在自愿的基础上，结合工作和思想实际，选学一些马克思主义著作"[③]。在党和国家的重视和号召下，高校强化师资培训，帮助教师提升教书育人能力。如西北工业大学通过举办青年教师党员培训班，鼓励青年教师担任班指导教师，既教书又育人，并把教书育人与职称评定挂起钩来。[④]

进入21世纪后，党和国家更加重视高校教师育人意识和育人能力建设。2005年，中组部、中宣部、中央党校、教育部、解放军总政治部五部门印发《关于组织高校哲学社会科学教学科研骨干研修的意见》，决定用3年时间组织高校哲学社会科学教学科研骨干研修马克思主义理论和党的方针政策，加强和改进大学生政治素质教育、落实党管人才方针和人才强国战略的重要举措。之后，国家多个部门积极合作组织高校哲学社会科学教学科研骨干研修工作。2005—2008年，中央有关部门

① 赵卫.教师正成为学校思想工作主力　邓力群同全国高校教书育人研讨会代表座谈［N］.人民日报，1986-08-26（3）.

② 田文喜，赵希龙.万里在安徽同十二所大学负责人和教师讨论时指出　高校必须坚持民主办学　教师既要教书也要育人［N］.人民日报，1986-12-04（3）.

③ 教育部思想政治工作司.加强和改进大学生思想政治教育重要文献选编（1978—2008）［M］.北京：中国人民大学出版社，2008：103.

④ 徐澄，王德发.让青年教师脱颖而出——西北工业大学重视青年教师的培养［N］.人民日报，1990-06-13（5）.

举办了 22 期研修班，培训学员 2300 多人；各地在中央有关部门办班的示范推动下，共举办研修班 200 余期，培训学员 2 万多人。2010—2014 年，中组部等中央六部门和各地精心组织、扎实工作，共举办研修班 635 期，培训学员 8 万多人。

党的十八大以后，我国更加重视高校专业课教师课程思政意识与能力建设。2020 年，教育部印发《高等学校课程思政建设指导纲要》，对增强高校专业课教师的课程思政建设意识和能力提出了明确要求，并对课程思政建设任务、目标、内容等方面做了系统化梳理和说明。根据党和国家对增强高校教师课程思政意识和能力的要求，各地、各高校积极建立完善全方位、多层次教师培训与发展体系。例如，福建省将课程思政意识、德育意识和能力培养纳入教师培训体系。① 江苏省 2016—2020 年累计培训教师超过 5000 人次，2020 年增加了两期课程思政能力提升专题培训班并统一纳入省级教师培训计划予以经费支持。上海市构建市、校两级有机联动培训体系，实施课程思政“金课”名师打造计划；开展本科教学激励计划，2014 年起每年投入近 5 亿元专项经费，激励全体教授为本科生主讲专业基础课程。黑龙江省加强教师队伍建设，注重培训：一是加强教学培训。依托高教大讲堂、职教大讲堂等渠道，发挥全省教师教学发展联盟作用，组织面向全省 8000 余名一线教师的专题培训，在全省高校中广泛开展课程思政教学观摩、教学竞赛等，推广先进做法和经验。二是加强专项研究。依托哈尔滨工业大学成立全省首个课程思政教学研究示范中心，从 2020 年起每年设立一批省级课程思政教学改革专项。

第三，丰富教师社会实践活动。社会实践活动能够帮助高校教师加

① 黄超，吴月.各地各高校拓展新时代大学生思政教育的有效途径 种好责任田 上好思政课［N］.人民日报，2021-12-20（12）.

深对社会现实的了解，感受社会主义制度优越性，坚定理想信念，激发教书育人的责任心和信心。新中国成立以后，在党中央和国家的高度重视下，各省市、高校积极组织教师开展社会实践活动。例如，北京大学哲学系师生和海淀区联丰农业社建立了亲密的联系，并且一直保持这种联系，参加农业社的活动使学生拓宽了眼界。福建农学院组织教师到农村去长期学习，同当地干部和社员一起进行科学实验，使科学研究和生产实践紧密结合起来，在农村建立了水稻高产、改造低产田、柑橘上山等试验研究的十二个基点。

改革开放以来，党和国家高度重视实践活动，以克服高校教师教学科研脱离生产实际、脱离政治的问题。1987 年 7 月，国家教委就组织高校青年教师开展社会实践活动提出了具体意见，明确要求青年教师参加实践锻炼，服务社会。1991 年，在中组部、中宣部、国家教委、共青团中央、全国教育工会联合召开的高校党建工作会议上，宋平指出："要引导（高校中青年教师）认真学习马克思主义，多参加一些社会实践，接触实际，了解国情，努力提高自己的政治素质和业务水平。"根据党中央和国家要求，1992 年，山东省委高校工委结合实际情况组织 1 万多名 35 岁以下的高校青年教师，分期分批到全省各地 42 个工矿企业和 27 个农村乡镇进行了短期社会考察活动。参加考察的青年教师占全省高校青年教师总数的 95% 以上。①

党的十八大以来，各地、各高校因地制宜、因校制宜广泛开展教师社会实践活动，并形成了全面动员、积极参与的格局。2015 年，中共中央办公厅、国务院办公厅印发的《关于进一步加强和改进新形势下高校宣传思想工作的意见》明确要求："深入推进哲学社会科学教学科

① 刘关权，田建国.社会是教师　国情为教材　山东高校青年教师进行社会考察［N］.人民日报，1992-01-10（4）.

研骨干和思想政治理论课骨干教师研修工作，建立中青年教师社会实践和校外挂职制度。”2017 年，中共中央、国务院印发的《关于加强和改进新形势下高校思想政治工作的意见》强调，要提升教师思想政治素质，加强思想政治工作，建立中青年教师社会实践和校外挂职制度。2018 年，中共中央、国务院出台的《关于全面深化新时代教师队伍建设改革的意见》明确指出要“强化教师社会实践参与，推动教师充分了解党情、国情、社情、民情，增强思想政治工作的针对性和实效性”。在党和国家的高度重视下，各地、各高校积极开展教师社会实践活动。例如，北京市自 2012 年起，出台《关于加强和改进高校青年教师思想政治工作的意见》《关于组织北京高校青年教师开展社会实践的实施意见》，并计划在 5 年内投入 5000 万元，每年组织约 500 名青年教师参与社会实践。中国人民大学党委利用本校设在陕西延安、河北正定的校史教育基地开展青年教师党史、国史、校史教育，把社会主义核心价值观教育融入“教育”与“实践”双向促进的过程。学校还启动了“百名海归挂职计划”，选派了 100 名海外留学归国教师赴中央国家机关、北京市各区、国有重点大型企业等单位，使他们进一步了解国情、社情、民情，正确认识国家前途命运和自身社会责任。[①] 中国政法大学与教育部政策法规司共建的教师法治教育研究中心成立，为推进全国教师法治教育发挥重要作用；中国政法大学成立教师发展中心，促进教师积极参与社会实践和国家法治建设，深入了解国情、社情、民情，增强思想政治素养。[②] 青海省实施师资队伍整体素质提升工程，分层分批分类组织开展革命传统教育、国情社情考察、社会实践锻炼等主题活动 1100 余

---

① 陈旭，等.加强和改进党对高校的领导（教育视界）[N].人民日报，2015-07-02（18）.

② 赵婀娜，张烁.全国高校思想政治工作会议召开一周年　思政工作　在高校牢牢扎根（新时代　新气象　新作为）[N].人民日报，2017-12-08（1）.

场次。[①]

第四，加强制度构建，规范师德师风建设，提升教师育人意识和能力。新中国成立初期，为推进价值塑造融入专业课教学，我国建立了高校政治教育工作的制度，学校实行教导合一、校长负责制，即校长既要负责组织教学，又要负责对学生进行政治思想教育，对各级各类的教师都要全面负责，既管教又管导。[②]针对当时忽视知识分子作用以及劳动过多等主要问题，1961 年中共中央批准的《中华人民共和国教育部直属高等学校暂行工作条例（草案）》明确规定：实行党委领导下的以校长为首的校务委员会负责制；改进党的领导方法和领导作风、加强思想政治工作等。

改革开放尤其是 20 世纪 90 年代以后，党中央和国家积极开展高校教师队伍制度建设。《中华人民共和国教师法》《教师资格条例》《〈教师资格条例〉实施办法》《高等学校教师职业道德规范》相继出台，从法律、道德和现实层面规定了教师应当履行的育人义务和职业道德。进入 21 世纪以后，中共中央、国务院、教育部等部门相继出台了《关于进一步加强和改进大学生思想政治教育的意见》《关于进一步加强和改进师德建设的意见》，提出“要制定、完善有关规定和政策，明确职责任务和考核办法，形成教书育人、管理育人、服务育人的良好氛围和工作格局”[③]，并建立各级各类学校德育工作者培训制度，建立和完善新教师岗前师德教育制度，建立师德考评制度，建立师德问题报告制度和舆论监督的有效机制，将师德作为学校办学质量和水平评估的重要

① 赵婀娜，张烁. 培养堪当民族复兴重任的时代新人——高校党建和思想政治工作进展成效综述［N］. 人民日报，2021-08-17（4）.

② 金一鸣. 中国社会主义教育的轨迹［M］. 上海：华东师范大学出版社，2000：109.

③ 教育部思想政治工作司. 加强和改进大学生思想政治教育重要文献选编（1978—2008）［M］. 北京：中国人民大学出版社，2008：382.

指标[①]。为深入贯彻落实党和国家关于推进高校教师师德师风建设的要求，各地、各高校进一步细化和完善教师师德建设体制机制。例如，湖北省教育厅发布《湖北高校教师“十倡导十禁止”师德行为规范》，对违反“十禁止”行为规范的教师进行“一票否决”，对有严重失德行为、影响恶劣者，依法依规撤销教师资格并予以解聘。[②]山东省坚持以师德铸师魂，在全省高校师德建设大讨论中明确提出“实行教师职业道德一票否决制”[③]。上海工业大学使新任教师担任学生政治辅导员，并实行学校聘任、分段定向、二次分配，将学生思想政治工作成绩列入教师业务档案，作为升等评级的依据之一，从而不断增强教师教书育人意识和能力。上海工业大学教师注意把思想品德教育贯穿于课堂教学、实验教学、生产实习与毕业实践4个环节之中，既当学生学业上的严师，又做学生思想上的挚友。同时，许多教师不仅课内做思想工作，课外也经常到学生宿舍与同学们促膝谈心、结成“忘年交”。对于很多同学的个人爱好、性格特长、学习状况，教师心中都有一本账。[④]清华大学教代会通过了《清华师德》，并颁布试行。[⑤]河南师范大学把师德建设作为学校精神文明建设的一项重要内容，完善教书育人、管理育人、服务育人的各项规范，编印了教职工职业道德“四字歌”，并在全校开展教师职业道德大讨论。[⑥]北京大学建立了师德师风建设工作联席会议制度，出台

① 教育部思想政治工作司.加强和改进大学生思想政治教育重要文献选编（1978—2008）[M].北京：中国人民大学出版社，2008：410.

② 田豆豆.湖北出台高校师德规范 遇上灾难 教师不能先跑 对违反者实行“一票否决”[N].人民日报，2010-09-17（12）.

③ 张烁.万紫千红总是春——高校青年教师队伍建设综述[N].人民日报，2012-01-10（6）.

④ 郭礼华，李康琪.钱伟长校长带头教书育人 上海工大教师当学生严师挚友（改进和加强学校思想政治工作）[N].人民日报，1987-05-26（3）.

⑤ 贺美英.加强德育也是系统工程（青年教育大家谈）[N].人民日报，2000-02-19（1）.

⑥ 董洪亮，郭宇光.学高为师 德高为范 河南师大优化育人环境[N].人民日报，1998-12-04（5）.

《教师职业道德规范》《关于加强和改进师德工作的意见》《关于学术道德建设的意见》。在师资管理中严格执行“师德一票否决制”，教师在教学、科研中公开散布违反《宪法》《教师法》有关规定的言论，或严重失职造成不良影响，抑或剽窃他人学术成果，以及违反学校教书育人有关规定的，将被一票否决，不得晋升高一级职称和提高评聘等级，情节严重的给予行政处分。天津大学为培养教师敬业精神、塑造师德风范，制定并逐步实施了《天津大学师德规范》《天津大学师德评价体系》。师德规范包括忠诚教育事业、爱岗敬业、教书育人、为人师表 4 个方面的内容。为了具体化和可操作，天津大学把 4 个方面的内容分解成 24 个量化考核指标，制定出师德评价体系，将其渗透到学校的各个环节，通过学院、教研室、教师、学生打分，给予教职人员综合评价。①

进入新时代以后，党和国家在推进高校师德师风建设工作中，更加重视制度建设。2014 年 10 月，教育部出台的《关于建立健全高校师德建设长效机制的意见》对于高校教师有违“红七条”情形的，依法依规给予警告或记过、降低专业技术职务等级、撤销专业技术职务或者行政职务、解除聘用合同或者开除。对严重违法违纪的要及时移交相关部门。建立问责机制，对教师严重违反师德行为监管不力、拒不处分、拖延处分或推诿隐瞒，造成不良影响或严重后果的，要追究高校主要负责人的责任。②2016 年，教育部印发的《关于深化高校教师考核评价制度改革的指导意见》，将师德考核摆在教师考核的首位，把思想政治素质作为教师选聘考核的基本要求，强调：“以师德为先，坚持对于师德师风、教育教学、科学研究、社会服务、专业发展多方位评价，改变了以

① 董洪亮. 营造良好的育人环境——高校党建工作综述［N］. 人民日报，2002-01-29（6）.

② 董洪亮，黄千. 高校师德有了“红七条”禁止抄袭剽窃、索要礼品等［N］. 人民日报，2014-10-10（12）.

往评价体系过于单一的问题。”①2018年1月20日，中共中央、国务院印发《关于全面深化新时代教师队伍建设改革的意见》，就着力提升思想政治素质、全面加强师德师风建设提出了具体要求，主要包括：健全师德建设长效机制，推动师德建设常态化、长效化，实施师德师风建设工程，注重加强对教师思想政治素质、师德师风等的监察监督，强化师德考评，体现奖优罚劣，推行师德考核负面清单制度，建立教师个人信用记录，完善诚信承诺和失信惩戒机制，着力解决师德失范、学术不端等问题。同年11月，为扎实推进《中共中央 国务院关于全面深化新时代教师队伍建设改革的意见》的实施、进一步加强师德师风建设，教育部印发《新时代高校教师职业行为十项准则》，对高校教师提出了明确的政治和道德要求。2019年，教育部等七部门联合印发的《关于加强和改进新时代师德师风建设的意见》中提出“发挥师德考核对教师行为的约束和提醒作用，及时将考核出现的问题向教师反馈，并采取针对性举措帮助教师提高认识、加强整改”。为深入落实中共中央、国务院出台的《关于全面深化新时代教师队伍建设改革的意见》和《深化新时代教育评价改革总体方案》，推进新时代高校教师队伍建设改革，2021年教育部等六部门印发《关于加强新时代高校教师队伍建设改革的指导意见》，要求推进常态化师德培育，将各类师德规范纳入新教师岗前培训和在职教师全员培训必修内容，达到一定学时、考核合格方可取得高校教师资格并上岗任教。落实师德第一标准，将师德师风作为教师招聘引进、职称评审、岗位聘用、导师遴选、评优奖励、聘期考核、项目申报等的首要要求和第一标准。严肃师德问题查处，建立健全师德违规通报曝光机制，依托政法机关建立的全国性侵违法犯罪信息库，严把教师职业入口关。完善教师思政工作组织管理体系，充分发挥高校党委教

① 赵婀娜．教师评价，也要分类管理［N］．人民日报，2016-09-21（12）．

师工作部在教师思想政治工作和师德师风建设中的统筹作用，加强思想政治引领。[①]为深入贯彻落实党和国家关于推进高校教师师德师风建设中制度构建的要求，各高校积极开展机制体制建设，将师德师风等要求纳入干部选拔任用、聘期考核、职称晋升、教学质量评价等多个评价体系。北京师范大学将师德评价结果与岗位晋升、年度考核挂钩，师德评价不合格的教师，年度考核计为不合格，不得申请年度岗位晋升；开展“四有”好老师专项课题研究，建立每月半天的教师政治理论学习常态制度，惩防并举强化教师教书育人的使命意识。首都师范大学调整教师考核评聘制度，目的是树立以德立身、以德立学、以德施教的鲜明导向，涉及教师入职、考核评价和职称晋级的方方面面，旨在培育一批师德高尚、业务精湛的一流教师。四川大学、北京外国语大学、北京科技大学，坚持教书和育人相统一，坚持言传和身教相统一，坚持潜心问道和关注社会相统一，坚持学术自由和学术规范相统一，引导广大教师以德立身、以德立学、以德施教。[②]江西财经大学党委以《关于加强和改进新时代师德师风建设的意见》为指导，全面梳理师德师风制度，陆续制定、完善奖励制度措施，编制惩戒规章制度，同时将师德师风纳入干部选拔任用、职称评聘、教学质量评价等体系，形成“奖励惩戒”完整制度闭环；学校将师德师风考核作为首要评价标准贯穿于教师职业发展全过程，并采取“一票否决”制。北京大学制定了《北京大学教师思想政治和师德师风评估工作指南》等文件，在学校成立教师思政和师德师风评估专项工作组，由校领导担任组长，通过建立和引进人才党委审查机制、制定党委谈话内容清单等方式，调动院系党委在人才引进和评估

① 丁雅诵.强化师德培育，完善评价标准，破除“五唯”倾向加强高校教师队伍建设［N］.人民日报，2021-01-28（12）.

② 赵婀娜，张烁.全国高校思想政治工作会议召开一周年　思政工作　在高校牢牢扎根（新时代　新气象　新作为）［N］.人民日报，2017-12-08（1）.

过程中把关师德师风的积极性，压实基层院系党委师德师风评估工作责任，严格坚持师德师风第一标准。[①]

## 第三节　高校课程思政建设经验

新中国成立70余年以来，伴随着中国特色社会主义建设面临的新形势新任务，高校课程思政建设紧跟时代发展，始终贯彻党的教育方针，坚持党的领导，坚持立德树人，不断探索创新，积累了丰富经验。

### 一、坚定党的领导，凝聚党政合力

从中央到地方各级党政部门对高校课程思政建设的领导，是该项工作有序进行并取得良好成效的根本原因之一。

新中国成立初期，党和政府逐步实施统一和集中的领导，积极开展思想政治工作。1950年，中央人民政府教育部发布的《关于实施高等学校课程改革的决定》强调，政府各业务部门“应以通过教育部，协助高等学校的教学、实习和研究，作为自己部门本身业务的构成部分。对于实习学生，各业务部门负有与教育部共同领导的责任”。1955年，教育部副部长刘子载明确指出：“学校行政领导和学校的党、团组织对学生的共产主义道德教育和学生的全面发展都负有重大的责任。”[②]1958年9月，中共中央、国务院出台《关于教育工作的指示》，强调：“一切教

① 叶静漪.高校人才工作中师德师风考核的问题分析与改进路径［J］.中国高等教育，2022（2）：7.

② 教育部社会科学司.普通高校思想政治理论课文献选编（1949—2008）［M］.北京：中国人民大学出版社，2008：26.

育行政机关和一切学校应该受党委的领导，党委应该注意在学校师生中发展党和青年团的工作。中央人民政府各部门所属的学校，在政治上应该受当地党委的领导。在一切高等学校中应当实行学校党委领导下的校务委员会负责制。”①这一时期，北京大学校党委积极领导教师政治学习，继续进行思想改造。党委和学校与系科的负责人组成全校的学习核心，开展教师政治学习活动。针对党政分工合作，北京大学副校长周培源认为：“校长受了高等教育部的委托，来执行国家高等教育的方针，为此他必须对高等教育部负责。不论学校的校长是党员或非中共人士，他在政治上必须接受学校党委的领导，在执行高等教育部的政策上受到党委的监督。”②

改革开放以后，中央要求党政部门明确职责，加强对高校课程思政建设的领导。1980 年 4 月，教育部、共青团中央印发的《关于加强高等学校学生思想政治工作的意见》强调：“加强学生的思想政治工作，关键是坚持和改善党的领导，提高党的战斗力，发挥党组织的战斗堡垒作用和先锋模范作用。要按照党的十一届五中全会的要求，搞好党支部的组织建设和思想建设。”③1980年，中宣部召开的思想政治工作座谈会上，与会人员一致认为：“加强思想政治工作，关键在于加强和改善党的领导，坚决克服党不管党的倾向。当前，要从制度上加以改革，逐步做到党政分工。第一，各级党委，特别是主要负责人，要把思想政治工作放在首位，以主要精力抓党的路线、方针、政策的学习和贯彻执行。第二，各级党委要充分依靠和发挥行政以及工会、共青团、妇联、教育等方面的力量和特长，和他们共同研究，指导他们做好思想政治工作。

① 教育部社会科学司.普通高校思想政治理论课文献选编（1949—2008）[M].北京：中国人民大学出版社，2008：38-39.

② 周培源.高等教育改革中的三个问题［N］.人民日报，1957-06-12（7）.

③ 教育部思想政治工作司.加强和改进大学生思想政治教育重要文献选编（1978—2008）［M］.北京：中国人民大学出版社，2008：10.

第三，思想政治工作必须走群众路线，培养一批群众积极分子，作为思想政治工作的骨干。第四，身教重于言教，各级党委成员，特别是党的高级干部和主要负责人，必须以身作则，言行一致。”20 世纪 80 年代中期以后，大学生政治价值观和行为出现偏差。在反思高校思想政治工作，尤其是政治价值观教育中存在的不足的基础上，中央再次强调党对高校思想政治工作的领导职责。20 世纪 90 年代初开始，党和国家出台了一系列文件，如《中共中央关于加强高等学校党的建设的通知》《中国教育改革和发展纲要》《关于新形势下加强和改进高等学校党的建设和思想政治工作的若干意见》《中共中央关于进一步加强和改进学校德育工作的若干意见》《中国普通高等学校德育大纲》等，这些文件都对坚持党对高校思想政治工作的领导、加强高校党建以进一步推动高等教育事业的改革发展作出了明确要求。在中央的高度重视下，各高校恢复、强化和创新党对高校课程思政建设的领导。

进入 21 世纪之后，党和国家更加重视党对高校思想政治工作的领导。2004 年中共中央、国务院印发的《关于进一步加强和改进大学生思想政治教育的意见》，着力强调党对高校思想政治工作的领导职责。2005 年，胡锦涛在全国加强和改进大学生思想政治教育工作会议上再次强调党在高校思想政治工作中的领导地位和作用。这一时期，各高校党委积极采取多种形式，切实加强、贯彻落实党对大学生思想政治工作的领导，凝聚党政合力。上海交通大学提出高校加强党的执政能力建设的重点是加强和改进党委领导下的校长负责制，要做到科学决策、民主决策和依法决策。武汉大学把积极做好党委领导下的校长负责制理论与实践课题研究作为加强领导班子思想政治建设的具体举措，拟定了《高等学校党委领导下的校长负责制实施条例（征求意见稿）》。①

① 崔士鑫.采取强有力措施　融入各工作环节　高校党建工作和领导班子思想政治建设扎实推进［N］.人民日报，2005-04-28（2）.

党的十八大以来，党中央和国家更加重视强化党政合力以提升课程思政建设成效。2014 年，习近平总书记在第二十三次全国高等学校党的建设工作会议上强调："加强党对高校的领导，加强和改进高校党的建设，是办好中国特色社会主义大学的根本保证。"[①]2016 年 12 月，习近平总书记在全国高校思想政治工作会议上强调："办好我国高等教育，必须坚持党的领导，牢牢掌握党对高校工作的领导权，使高校成为坚持党的领导的坚强阵地。党委要保证高校正确办学方向，掌握高校思想政治工作主导权。"2017 年，中共中央、国务院印发的《关于加强和改进新形势下高校思想政治工作的意见》指出："要加强和改善党对高校的领导。要完善高校党的领导体制，坚持和完善普通高校党委领导下的校长负责制，高校党委对本校工作实行全面领导，履行管党治党、办学治校的主体责任，切实发挥领导核心作用。"2020 年教育部印发的《高等学校课程思政建设指导纲要》强调："各高校要建立党委统一领导、党政齐抓共管、教务部门牵头抓总、相关部门联动、院系落实推进、自身特色鲜明的课程思政建设工作格局。"2021 年，中共中央、国务院印发的《关于新时代加强和改进思想政治工作的意见》指出："完善领导体制和工作机制，完善党委统一领导、党政齐抓共管、宣传部门组织协调、有关部门和人民团体分工负责、全党全社会共同参与的思想政治工作大格局。"这一时期，各省市党委市委，各高校党委书记、校长带头抓课程思政建设。上海市委、市政府高度重视，并作出表率，把高校书记、校长抓课程思政列入高校党建责任制、分类评价等考核内容；全市所有高校都成立了课程思政改革领导小组，所有高校党委书记均亲自担任组长，并设立专门办公室推进落实[②]。北京联合大学校党委书记带领

① 董洪亮．习近平就高校党建工作作出重要指示强调　坚持立德树人思想引领　加强改进高校党建工作［N］．人民日报，2014-12-30（1）．

② 王平．构建全员全过程全方位育人体系［N］．中国教育报，2020-06-10（3）．

党委宣传部和教务处到各学院反复听课和座谈，寻找课堂上存在“课程思政”的蛛丝马迹，对比较自然地将思政元素融入课堂的教师，宣传部和教务处共同开展重点辅导，使课堂内容形成精品，录成视频向其他教师展示；学校党委因势利导，发挥基层党支部优势，带领教师集体备课研讨。[①]不仅如此，各高校以基层党建为引领，提升专业课教师队伍的思想政治素质。山东组织省属本科高校党委书记、院系党组织书记每年完成 1 项党建突破项目，重点推进 10 个高校党委书记、40 个院系级党组织书记突破项目、教师党支部书记“双带头人”培育工程，全省本科高校教师党支部书记“双带头人”比例由 2018 年的 70% 提升到 2021 年的 98.43%。在校党委书记带领下，山东师范大学“书香党支部建设”“‘朋辈教育’党员示范服务项目”等传统党建品牌质量得到有力提升。天津大学探索依托课题组、专业、教学科研平台等，灵活设置党支部。如依托国家重大科技基础设施——大型地震工程模拟研究设施项目组成立党支部，连续解决重大技术问题 40 余项。截至 2021 年，天津大学教师党支部书记“双带头人”已实现 100% 覆盖，并有 8 名高层次人才担任了党支部书记。北京林业大学建立校党委 40 条、院（系）级党组织 30 条、党支部 20 条的党建标准体系。学校研究制定涵盖全体党员、共 32 个责任主体的责任清单和履责负面清单，形成“人人有责任、个个有清单”的工作格局，推动学校党建工作高质量发展。[②]

## 二、坚持育人为本、德育为先

教育的首要问题就是“培养什么人、怎样培养人、为谁培养人”。

---

① 施剑松．“课程门门有思政，教师人人讲育人”——北京联合大学深化课程思政改革纪实［N］．中国教育报，2021-02-19（1）．

② 赵婀娜，张烁．培养堪当民族复兴重任的时代新人——高校党建和思想政治工作进展成效综述［N］．人民日报，2021-08-17（4）．

新中国成立以来，高校课程思政建设坚持育人为本、德育为先，始终以大学生全面发展为目标，根据时代的发展和社会的进步，确定大学生全面发展的阶段性任务，努力促进大学生思想道德素质、科学文化素质和健康素质的协调发展，这也是高校课程思政建设取得显著成效的根本原因之一。

新中国成立伊始，《中国人民政治协商会议共同纲领》针对文化教育领域提出了肃清封建的、买办的、法西斯主义错误思想，提高人民文化水平，培养拥有为人民服务的思想的国家建设人才的任务。据此，1950 年中央政府教育部出台的《高等学校暂行规程》提出，高等教育的宗旨是培养全心全意为人民服务的高级建设人才。后来，毛泽东提出了培养“又红又专的有社会主义觉悟的劳动者”的教育宗旨。这一时期，高校将肃清反动思想、开展社会主义意识形态教育作为重心，在此基础上培养了大量服务于国家建设的各类高级人才。1966—1976 年，高校德育出现失衡。党的十一届三中全会以来，党恢复了实事求是的思想路线，实现了全党工作重心向“经济建设为中心”的转移。在新的历史时期，邓小平多次强调思想政治工作只能加强，不能削弱。在党和国家高度重视下，高校切实加强学生思想政治工作，要求全体教师担负起育人职责，在各门各类课程教学过程中积极开展思想政治工作，帮助学生沿着又红又专方向健康成长。20 世纪 80 年代中后期，一些错误认识和实践中的偏差造成高校中坚持四项基本原则的思想政治教育被放松，党的领导被淡化，思想政治工作的地位和作用被贬低，思想道德建设被严重削弱，思想政治工作原则被放弃，思想政治工作队伍建设被忽视，大学生的政治价值认知和行为出现了混乱和错误。

在总结经验教训的基础上，党和国家在 1989 年以后重新将育人为本、德育为先作为高校办学的根本宗旨。20 世纪 90 年代以后，党和国家将育人为本、德育为先作为高校课程教学工作的根本导向。1990 年，李瑞环在《半月谈》思想政治工作创新奖发奖大会上强调："思想政治工作是我们党的政治优势，也是我们党的传统，建设社会主义离不开思想政治工作。忽视或否定思想政治工作，或者不进行切实有力的思想政治工作，要真正建成社会主义是不可能的。"①1997年，朱开轩在中组部、中宣部和国家教委联合召开的第六次全国高校党的建设工作会议上强调，高校要"把思想政治建设放在首位，要切实扭转智育一手硬、德育一手软的问题，坚持又红又专的方向"②。同年8月，36所高校的主要负责人在国家教委直属高校咨询委员会第一次全体会上形成了以下共识：维护高等学校的稳定、坚持社会主义办学方向和把德育放在首位，不仅是当务之急，也是一项具有长远意义的战略任务。20世纪90年代，党中央和国家将德育为本作为高校课程思政建设的根本导向。

进入21世纪以后，党和国家进一步将育人为本、德育为先作为高校课程思政建设的指导思想。2004年，中共中央、国务院印发《关于进一步加强和改进大学生思想政治教育的意见》，文件强调："学校教育要坚持育人为本、德育为先，把人才培养作为根本任务，把思想政治教育摆在首要位置。"③2005年，胡锦涛在全国加强和改进大学生思想政治教育工作会议上再次强调："全国高校都要始终不渝地全面贯彻党的教育方针，坚持学校教育、育人为本，德智体美、德育为先，充分发挥大学生思想政治教育主阵地、主课堂、主渠道的作用。"④2010年，胡锦涛

① 邹爱国.李瑞环在《半月谈》发奖大会上指出思想政治工作是我们的优势 要把传统工作经验与当前情况有机结合［N］.人民日报，1990-07-27（1）.

② 尹鸿祝，毕全忠.朱开轩在高校党建工作会议上提出高校要把思想政治建设放在首位［N］.人民日报，1997-06-13（5）.

③ 教育部思想政治工作司.大学生思想政治教育重要文献选编（1978—2008）［M］.北京：中国人民大学出版社，2008：377.

④ 李学仁.胡锦涛在全国加强和改进大学生思想政治教育工作会议上发表重要讲话强调 进一步加强和改进大学生思想政治教育工作 大力培养造就社会主义事业建设者和接班人［N］.人民日报，2005-01-19（1）

在全国教育工作会议上强调："要全面推动教育事业科学发展，立足社会主义初级阶段基本国情，把握教育发展阶段性特征，坚持以人为本，遵循教育规律，面向社会需求，优化结构布局，提高教育现代化水平。"同年，党中央、国务院颁布的《国家中长期教育改革和发展规划纲要（2010—2020年）》中提出了"优先发展、育人为本、改革创新、促进公平、提高质量"的方针。在党中央的高度重视下，各地高校积极落实育人为本、德育为先的要求。2015年，上海市科教党委、教委召开上海市学校德育工作会议，要求全市各级各类学校确立"学生为本""全面发展""实践体验""全员育人""全面渗透"的理念，遵循德育教学和学生成长成才规律。[①]

进入新时代，立德树人成为高校的中心工作和根本任务。2014年，习近平总书记在第二十三次全国高等学校党的建设工作会议上指出："办好中国特色社会主义大学，要坚持立德树人。"[②]2016年12月，习近平总书记在全国高校思想政治工作会议上强调："要坚持把立德树人作为中心环节，把思想政治工作贯穿教育教学全过程，实现全程育人、全方位育人。"2017年10月，习近平总书记在党的十九大报告中指出："要全面贯彻党的教育方针，落实立德树人根本任务，发展素质教育，推进教育公平，培养德、智、体、美全面发展的社会主义建设者和接班人。"2018年5月，习近平总书记在北京大学师生座谈会上强调："人才培养一定是育人和育才相统一的过程，而育人是本。人无德不立，育人的根本在于立德……要把立德树人的成效作为检验学校一切工作的根本标准，真正做到以文化人、以德育人，不断提高学生思想水平、政治

① 翁铁慧.立德树人——党的十六大以来上海高校思想政治教育探索与发展［M］.上海：上海人民出版社，2009：415.

② 董洪亮.习近平就高校党建工作作出重要指示强调　坚持立德树人思想引领　加强改进高校党建工作［N］.人民日报，2014-12-30（1）.

觉悟、道德品质、文化素养，做到明大德、守公德、严私德。要把立德树人内化到大学建设和管理各领域、各方面、各环节，做到以树人为核心，以立德为根本。”这一时期，《关于加强和改进新形势下高校思想政治工作的意见》《关于新时代加强和改进思想政治工作的意见》等纲领性文件相继印发，明确了高校思想政治工作的主要目标和基本要求。《关于加快构建高校思想政治工作体系的意见》《关于加强高校党的政治建设的若干措施》《高等学校课程思政建设指导纲要》等系列文件密集出台，对高校思想政治工作进行全方位规划、制度化安排。各高校深入落实党中央决策部署，全面贯彻党的教育方针，落实立德树人根本任务。

## 三、紧跟时代发展，不断开拓创新

新中国成立70余年以来，高校课程思政建设始终坚持解放思想、实事求是的原则，紧跟不同时期国际国内环境的变化、党和国家的中心工作的转变，与时俱进，不断调整课程思政建设的目标、任务、内容、体制机制，以培养德才兼备的优秀人才。

新中国成立以后，党和国家的工作重心从巩固新生人民政权转向经济、文化建设，培养又红又专的有社会主义觉悟的有文化的劳动者成为课程思政建设的主要目标。围绕这一目标，高校积极发挥专业课的育人功能，鼓励学生将理论学习与生产实践相结合。党的十一届三中全会以后，党和国家的工作重心转移到“以经济建设为中心”，党的教育方针从“为无产阶级政治服务”转向“为社会主义‘四化’建设服务”，培养“四有新人”成为这一时期高校课程思政建设的目标和任务。围绕这一育人目标和任务，高校课程思政建设积极探索，不断改革创新，准确定位专业课的德育功能，积极开展专业课教学改革，深入挖掘课程中的思想政治教育资源，多措并举强化师德师风建设，提升专业课教师的育人意识与能力。党的十八大以后，伴随着社会主要矛盾的转变，各种社会矛盾不断凸显，意识形态领域非常复杂。以习近平同志为核心的党中央高度重视意识形态工作，强调意识形态工作的领导权任何时候都不能旁落。高校课程思政建设工作受到党和国家的高度重视，以《高等学校课程思政建设指导纲要》的出台为标志，课程思政建设工作进入全面推进阶段。各地、各高校着眼于国家建设发展、学校特色、学生实际，因地制宜积极推进课程思政建设理念、路径与方法创新。

## 四、积极推进价值塑造与知识传授、能力培养的统一、融合

课程思政就是课程承载思政，思政寓于课程中，其根本任务是依托专业课程载体，引导学生树立正确的价值观。课程思政建设工作必须始终以价值塑造、知识传授与能力培养的统一、融合为宗旨，否则，极有可能出现德育与智育不平衡或者割裂、分离的问题。

新中国成立之初，为推进价值塑造融入知识传授与能力培养之中，党和国家要求高校修订专业课教学大纲，拓展教学路径、创新方法，将思想政治教育要求贯穿专业课教学始终。“文化大革命”期间和改革开放初期，高校课程思政建设先后出现了德育压倒智育、智育脱离德育的问题，最终导致学生政治认知和价值观出现偏差。20 世纪 90 年代以后，党和国家重新定位价值塑造与知识传授的关系，明确要求各类课程实现同德育的有机结合，各门课程建设要坚持社会主义的办学方向和正确的思想导向。进入新时代以后，党和国家明确要求充分发掘各门课程中的德育内涵，“将价值塑造、知识传授和能力培养三者融为一体，不可割裂”。正确处理价值塑造与知识传授、能力培养的关系，是课程思政建设的关键，因此高校要积极推进三者的融合发展。

# 第三章

# 高校课程思政建设现状、成就、问题及其成因

2016年的全国高校思想政治工作会议召开以来，高校纷纷启动了课程思政建设工作以求高质量落实立德树人根本任务。那么，当前高校课程思政建设情况如何、取得了哪些成绩、存在哪些问题、成因有哪些？这些是我们不可回避的问题。而调研是了解和把握高校课程思政建设现状的重要路径，正所谓"没有调查，就没有发言权"。为此，本书分别围绕"高校课程思政建设情况""高校课程思政教学满意度"展开了广泛调研。

参与本次调研工作的高校专业课教师共640多人，分别来自北京大学、中国人民大学、浙江大学、北京理工大学、哈尔滨工业大学、南京林业大学、云南师范大学、中国石油大学（北京）、华北电力大学、温州大学等30多所高校。调研活动主要采用问卷调研和访谈两种方式进行。参与问卷调研的共602人。就性别而言，男性教师有323人、女性教师有279人，分别占总人数的53.65%和46.35%。就职称而言，初级教师有126人、中级教师有186人、高级教师有290人，分别占总人数的20.93%、30.9%、48.17%。就政治面貌而言，中共党员有404人、共青团员有65人、其他民主党派人员有33人、群众有100人，分别占

总人数的67.11%、10.8%、5.48%和16.61%。就学科类型而言，工科类教师有194人（占总人数的32.23%）、人文社科类教师有175人（占总人数的29.07%）、经管法学类教师有75人（占总人数的12.46%）、理学类教师有61人（占总人数的10.13%）、其余类型教师有97人（占总人数的16.11%）。

参与本次调研工作的学生共有703人，分别来自北京大学、复旦大学、北京理工大学、北京科技大学、云南大学、重庆大学、华北电力大学等多所高校。调研方式主要有问卷调研和访谈两种。具体而言，参与调研的男生有390人、女生有313人，分别占总人数的55.48%和44.52%。就学龄而言，大一、大二、大三、大四和研究生阶段的学生人数分别占总人数的57.89%、27.03%、9.25%、2.99%和2.84%。就政治面貌而言，中共党员41人、共青团员587人、群众75人，分别占总人数的5.83%、83.5%、10.67%。就学科类型而言，理学类、工科类、人文社科类、经管法学类、医学类、艺术类、思想政治教育类和其他类学生人数分别占总人数的13.23%、44.52%、13.66%、17.78%、3.13%、0.57%、3.84%、3.27%。

总体而言，本次调研对象覆盖面较广，为准确深入了解高校课程思政建设基本情况，继而开展理论研究和实践探索奠定了坚实基础。

## 第一节　高校课程思政建设现状

### 一、课程思政建设顶层设计

自2016年以来，根据党和国家关于课程思政建设的要求，高校成立课程思政建设领导小组，并根据学校特色制定出台了相应的实施方案。

北京大学制定《深化推进课程思政建设实施方案》，浙江大学出台《关于进一步推进课程思政建设的实施方案》，复旦大学先后制定《课程思政攻坚行动计划实施方案》《关于全面深入推进课程思政建设的实施方案》，北京理工大学印发《“课程思政”建设实施方案》，哈尔滨工业大学制定《课程思政工作实施方案》，云南大学制定《关于深入实施课程思政的指导性意见》，华北电力大学出台《关于进一步加强课程思政建设的意见》，中国石油大学（北京）制定《课程思政建设实施办法》，重庆大学先后制定《课程育人体系建设方案》《课程思政建设实施办法》，温州大学制定《推进课程思政实施方案》。调查结果显示，86.38%的高校已经启动课程思政建设工作，但仍然存在少数高校（5.65%）尚未启动这项工作（如图 3–1）。

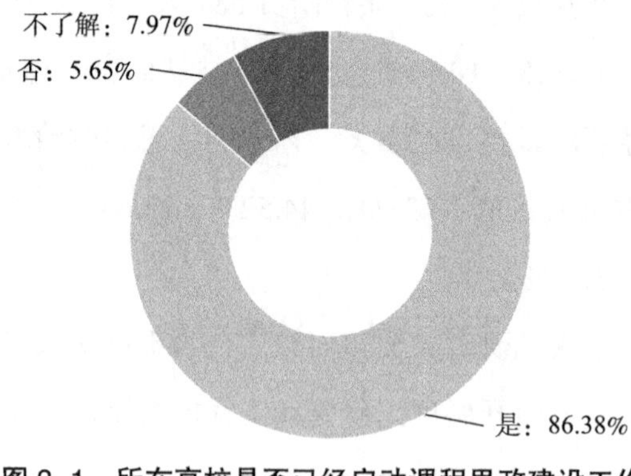


**图 3–1　所在高校是否已经启动课程思政建设工作**

具体而言，68.94%的教师表示其所在高校已成立专门的课程思政建设工作小组并制定了课程思政实施方案或总体规划，8.64% 的教师表示其所在高校尚未成立工作小组且未出台相应的实施方案，22.42% 的教师表示“不了解”（如图 3–2）。

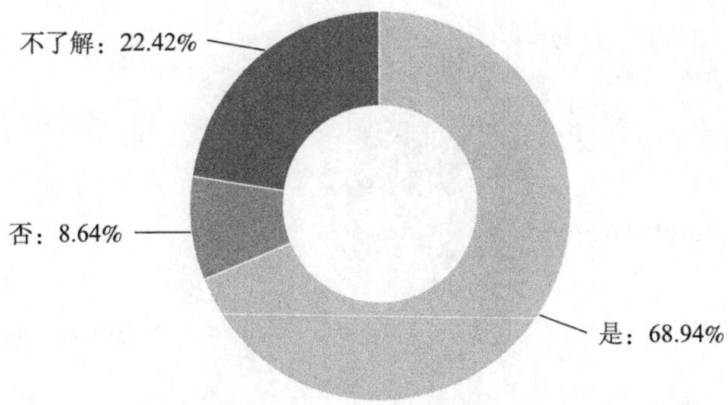


**图 3–2　所在高校是否成立专门的课程思政建设工作小组并制定实施方案或总体规划**

## 二、保障课程思政建设的机制体制构建

在积极开展顶层设计的同时，高校根据党中央和国家、省市有关课程思政建设的要求，积极开展机制体制建设，并形成了相应的文件、制度。

浙江大学先后出台《课程思政教学质量规范》《课程思政系列建设指南》，复旦大学分别制定《全面推进本科课程思政建设行动计划（2020—2022）》《全面推进研究生课程思政建设行动计划（2020—2022）》，华北电力大学制定《课程思政示范课建设方案》，温州大学制定《课程思政教学改革系列活动方案》。调查结果显示，66.45%的教师（400 人）表示所在高校针对课程思政建立了完善的配套制度或出台了相应政策，10.13% 的教师表示其所在高校尚未出台推进课程思政建设的配套制度或者政策（如图 3–3）。26.91%的教师表示所在高校没有针对课程思政教学开展专门的考核并将考核结果纳入对教师的评价反馈，30.73%的教师表示不了解相关的情况（如图 3–4）。

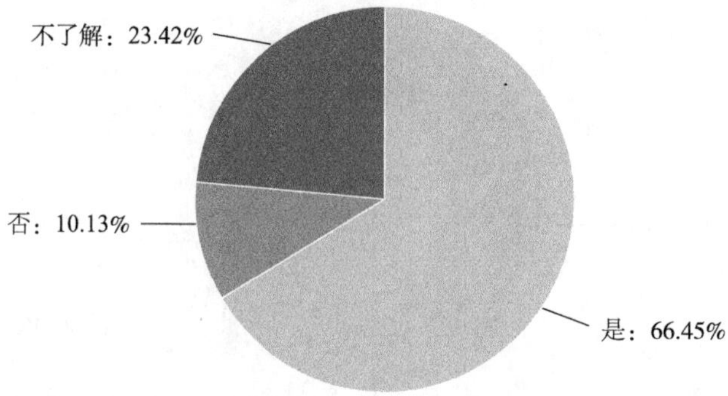


**图 3-3　所在高校是否建立完善的配套制度或出台相应政策**

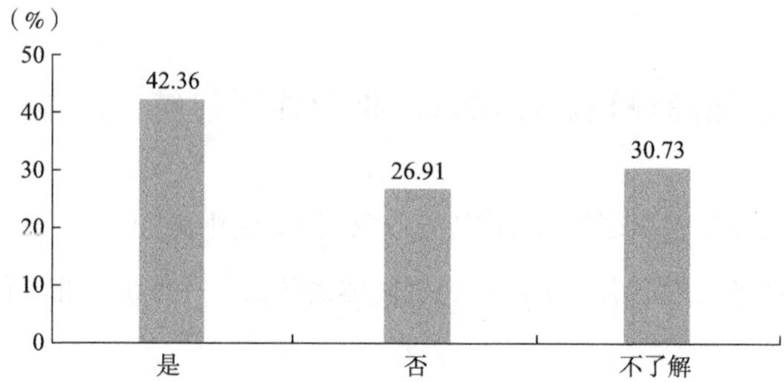


**图 3-4　所在高校是否针对课程思政教学开展专门考核并将考核结果纳入对教师的评价反馈**

相应的条件保障是推进课程思政建设工作有序、有效开展的重要基础，那么，高校在条件保障方面做了哪些工作？对此，本书专门进行了考察。

就思政课程教师和专业课程教师的交流合作平台建设而言，调查结果显示，15.61%的教师表示所在高校没有建立思政课程教师和专业课程教师的交流合作平台，30.24%的教师表示不了解所在高校在这方面的工作情况，其实也反映出高校对这项工作的开展不够，才会导致很多教师处于不了解的状态（如图 3-5）。

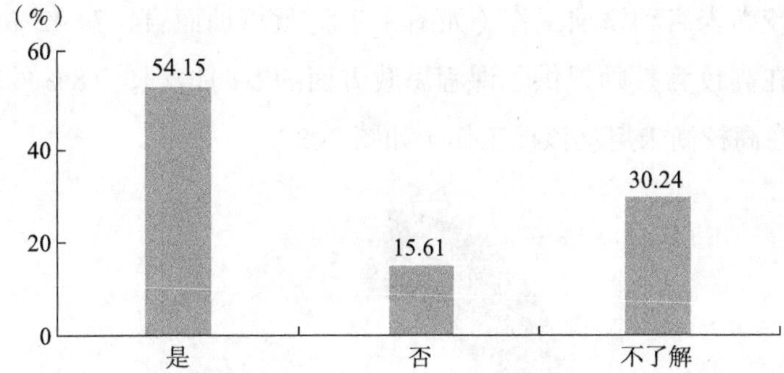


**图 3–5　所在高校是否建立思政课程教师与专业课程教师的交流合作平台**

## 三、教师课程思政建设意识和能力

为增强教师课程思政建设意识和能力，高校按照党和国家、省市、本校课程思政建设要求和实施方案，综合采用了打造示范课、教学比赛、培训、研讨交流等方式。北京大学建设了课程思政示范课，创建课程思政档案袋，开展课程思政培训、分享交流等活动；中国人民大学设立了课程思政优秀示范课案例；华北电力大学启动"一院系一课程"课程思政示范课建设，立项 25 个校级课程思政示范课教改专项，并在岗前培训、在岗培训和师德师风与教学能力专题培训中专门设置课程思政培训专题。此外，一些高校还编写了课程思政教学辅助材料，帮助教师增强育人意识和能力。复旦大学编撰了《课程思政优秀教学案例 100》《课程思政建设"百问百答"（政策理论篇）》《课程思政与教材建设相关文件汇编》《课程思政专业教学指南》等学习资料；重庆大学系统梳理各类、各门课程所蕴含的思想政治教育元素，汇编成《重庆大学课程育人元素拾萃》《课程思政教案集萃》。

调查结果显示，72.09% 的教师表示所在高校已经在结合学生和学校特点，打造课程思政示范课程；8.97% 的教师表示其所在高校尚未启动该项工作（如图 3–6）。就比赛或教研活动而言，71.43% 的教师表示所在高校积极开展与课程思政相关的比赛或教研活动，10.13% 的教师表示学校尚未启动该项工作（如图 3–7）。就培训而言，74.42%的教师表示所在高校为教师提供了课程思政方面的专门培训，9.8% 的教师表示其所在高校尚未启动该项工作（如图 3–8）。

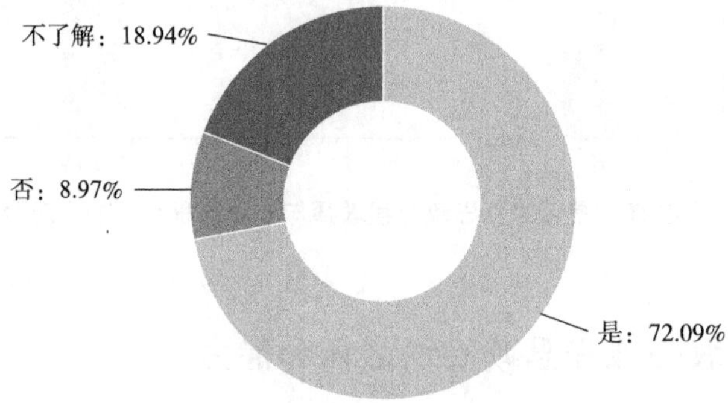


图 3–6　所在高校是否打造示范课程

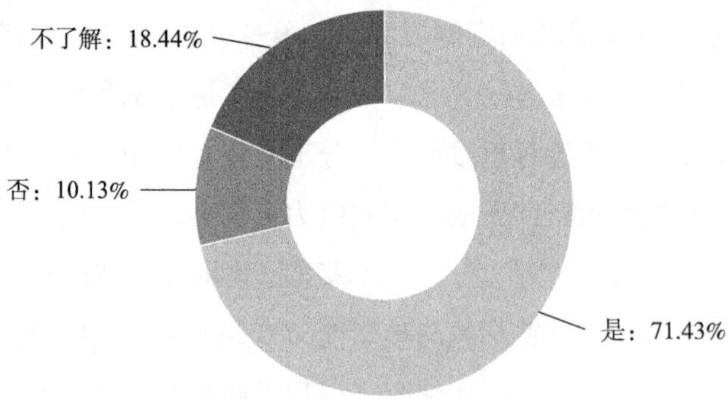


图 3–7　所在高校是否开展课程思政相关的比赛或教研活动

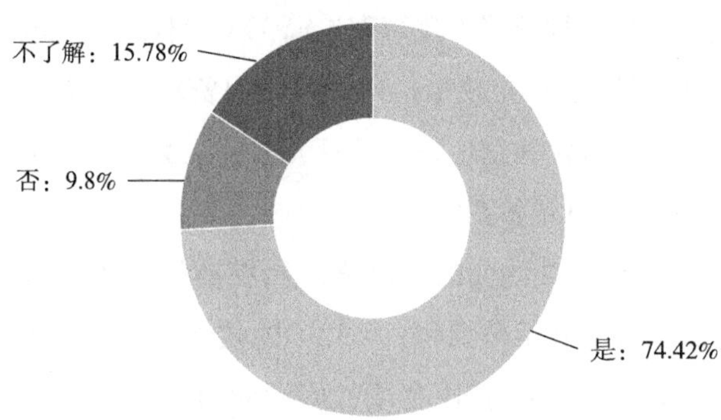


图 3–8　所在高校是否对教师进行课程思政方面的专门培训

## 第二节　高校课程思政建设的成就

在党中央和国家的高度重视下，全国各省市、各高校因地制宜、因校制宜，积极探索课程思政建设新模式和有效路径，把课程思政建设作为加强高校思想政治工作、全面提高教育教学质量的重要抓手，初步形成了高校普遍重视、院系广泛动员、教师积极参与的局面。

### 一、高校课程思政建设模式初步形成

2016 年的全国高校思想政治工作会议召开以后，全国各省市、各高校开始积极探索课程思政建设的有效路径与方法，并初步形成了课程思政建设模式。

第一，坚持党的领导，强化机制体制建设。在课程思政建设工作中，高校始终坚持以马克思主义为指导，深入贯彻党的教育方针，积极落实立德树人根本任务，坚持党对课程思政工作的统一领导，不断强化校党委的主体责任，将课程思政建设工作纳入学校总体发展规划，全面细致部署课程思政建设总体工作，统筹各行政部门、二级院系积极推进课程思政建设，形成了宏观指导、统一规划、组织协调的课程思政育人体系，积极推进机制体制建设，构建全员、全过程、全方位育人格局。如北京大学校党委以构建具有北大特色的课程思政育人体系为目标，不断完善协同推进课程思政建设的组织工作机制、质量评价体系和激励机制、经费保障，建立起了党委统一领导、党政齐抓共管、教学管理部门牵头、相关部门联动、院系落实推进的课程思政建设大格局。再如，复旦大学党委坚持全课程推进、分类型指导、体系化建设的原则，建立健全协同推进课程思政建设的组织领导机制、评价机制、协同机制等，推

进“三全育人”常态化、长效化。

第二，加强队伍建设，着力提升专业课教师的育人意识和能力。教师是全面推进课程思政建设的关键，其育人意识和能力是课程思政有效推进的根本保障。因此，各高校通过综合采用教师培训、“课程思政工作室”、“课程思政”课题教研、课程思政示范课打造等措施，增强专业课教师的思想政治育人意识和能力。复旦大学将课程思政纳入教师岗前培训、在岗培训和师德师风与教学能力专题培训，完善课程思政日常培训体系，通过案例教学、观摩教学、实训教学、社会实践等多种形式，提升广大教师课程思政建设的意识和能力，确保课程思政建设落地、落实。在学校和院系多个层面开展研究生导师的课程思政教育培训，通过新任导师培训、系统性专题培训、国际化师资培训和在线网络培训等不同形式的培训项目，构建全方位、多角度、常态化的研究生导师培训体系。浙江大学实施“育人强师”全员培训计划，在新教师入职培训、师德师风培训中设立“课程思政”模块，开展专题培训，不断引导教师树立“育人职责人人肩负、育德使命门门落实”的意识。充分发挥教研室、课程组等基层教学组织作用，鼓励组建由专业教师、思政课教师、地方党政领导、相关领域专家、学生辅导员等组成的立体化授课团队，通过教学攻关、集中备课、教案审查、协同合作等方式，不断增强教师课程思政教学设计能力。华北电力大学在岗前培训、在岗培训和师德师风与教学能力专题培训中设立单独的课程思政培训单元，增强教师的育德意识和育德能力。实施思政课教师与专业课教师“1+1 结对子”工程，马克思主义学院教师全程参与课程思政建设。

第三，聚焦课程建设，加强专业课的主战场作用。专业课是课程思政建设的“主战场”，各高校全面推进所有专业课的课程思政建设工作，形成了“课程门门有思政，教师人人讲育人”的格局。与此同时，高校根据不同专业和学科特点，分类推进课程思政建设。复旦大学围绕立德树人根本目标，以专业类别为基础单位，结合专业人才培养目标和培养特色，深入梳理专业课教学内容，结合不同课程特点、思维方法和价值理念，深入挖掘课程思政元素，分类开展公共基础课程、专业教育课程、实践类课程的课程思政建设工作。华北电力大学全面修订教学大纲，从教学目标、教学内容、教学方法等方面充分挖掘各专业课程蕴含的思政元素，实施“专业导论课建设计划”，首批立项建设10门专业导论课程，建设课程思政案例库，启动“一院系一课程”课程思政示范课建设。重庆大学系统梳理各类课程所蕴含的思想政治教育元素，纳入教案内容和教学大纲。针对公共基础课程，建立健全专家领衔制，组建名师大家教学团队，鼓励跨校联合授课。针对专业教育课程，融入家国情怀、社会责任、科学精神、人文精神、职业素养等思政元素。针对实践类课程，注重知行合一，深入推进实践教学改革。

第四，积极优化课程思政评价体系。为有效推进课程思政建设进程和成效，高校积极优化课程思政评价体系和监督检查机制，突出价值引领，将学生的情感、价值观等作为课程思政建设成效的重要考量因素，并将课程思政建设成效作为“双一流”建设监测与考核评价、本科教学评估、学科评估等的重要内容。加强课程思政建设的检查与监督，完善激励机制，将教师的思政育人意识与能力、参与课程思政教改的情况和效果等作为教师考核评价、评优奖励、岗位聘用的重要依据。复旦大学充分发挥各专业教学指导委员会、专业学位教育指导委员会等专家组织作用，研究制定了科学化、多维度、分专业的课程思政质量和成效评价体系，把课程的思想性、价值性作为评价课程的重要标准，把教师课程思政建设情况和教学效果纳入工作量计算、绩效考核，作为教师考核评价和岗位聘用的重要内容，作为参评国家地方高层次人才支持计划的立德树人重要成果。学校教学督导组要开展经常化、制度化、规范化的课程思政质量评估。浙江大学将课程思政建设作为学院（系）“双一流”建设、年度教学工作评价和领导班子任期目标责任制考核的重要指标，同时纳入学院（系）党建和思想政治工作考核评估体系，确保课程思政落地、落细。出台《研究生导师管理办法》，修订《本科教学事故认定与处理办法》，对存在师德失范行为的教职人员，在职称评审、岗位聘任、评奖评优、年度考核等环节中严格执行“一票否决制”。建立校院两级领导干部及相关管理部门人员听课评课制度，开展教育督导，并将评估结果作为教师年度业绩考核、绩效分配的重要依据，把牢课程思政“质量关”。华北电力大学建立课程思政考核评价体系，将课程思政建设成效作为“双一流”建设、学科评估、教学优秀奖、教学名师、优秀教材、优质课程、教学成果奖等考核评价的首要条件和重要内容。实施课堂教学质量综合评价，在学校督导、院系督导、学生评教三方评价中设置“课程思政”观测点。

## 二、优质课程思政示范课不断涌现

在党和国家、省市和高校高度重视下，专业课教师积极开展课程思政建设改革创新，一批批优质课程思政示范课不断涌现。

在教育部公布的首批699门课程思政示范课中，参与调研的高校中有多门课程成功入选。北京大学本科生课程“田野考古实习”“人体解剖学”，以及研究生课程“经济改革与发展专题”3门课程成功入选；中国人民大学本科生课程“国际金融”“社会学概论”，研究生课程“习近平新时代中国特色社会主义经济思想系列讲座”，以及继续教育课程“国际贸易概论”4门课程成功入选；北京理工大学本科生课程“沟通的力量”“流体传动及控制基础”，研究生课程“工程伦理”，以及继续教育课程“新能源车辆原理与应用技术”4门课程成功入选；华北电力大学本科生课程“工程热力学”“电路分析基础”，以及研究生课程“非线性系统理论”3门课程成功入选；云南大学“民族学通论”“人类生态学”2门课程成功入选；南京林业大学继续教育课程“桥梁检测与加固”成功入选。

在省部级优质课程思政示范课建设中，参与调研工作的高校有多门课程成功入选。例如，在北京市教委公布的高校课程思政示范课名单中，北京大学本科生课程“生理学”“社会保险”“中国哲学”“太极拳”“口腔修复学”，以及研究生课程“发展心理学专题”“护理研究”共7门课程成功入选；中国人民大学本科生课程“民法总论”“财政学”“数据库系统概论”“马克思主义发展史”“农业政策学”，以及研究生课程“哲学前沿与研究方法”“中国法制史”“新闻传播史研究”共8门课程成功入选；北京理工大学本科生课程“飞行力学”“流体力学”“信息系统安全与对抗技术”“大学物理AII”“学术用途英语”，研究生课程“爆炸力学”“数字表演基础与应用”“高分子与阻燃材料成型加工”，以及继续教育课程“面向对象程序设计”共9门课程入选；华北电力大学本科生课程“新能源材料”“管理学原理”“电力系统分析（1）”“新能源专业导论”“模拟电子技术基础实验”，以及研究生课程“风力发电系统技术”“现代能源经济学”共7门课程成功入选。哈尔滨工业大学本科生课程“热处理原理”“电子线路基础”“数字电子技术基础”“理论力学”“工程光学2”，以及继续教育课程“创新与发展”共6门课程获评第二批黑龙江省高等学校课程思政示范课；浙江大学“东方文明史”“丝绸的过去、现在及未来”“中西人文精神与文学精神”“从神农本草到现代中药”等39门课程入选浙江省第一批省级课程思政示范课；重庆大学“机械原理”“社会学原理”“中外名记者研究”“模拟电子技术（低频部分）”等36门本科生课程入选重庆市本科高校课程思政示范课。

## 三、专业课教师的课程思政建设意识和能力明显增强

教师是高校课程思政建设的主力军，其课程思政建设意识和能力从根本上影响着课程思政建设成效。在党和国家的高度重视下，高校积极开展机制体制建设、各类培训工作等，使得专业课教师的课程思政建设意识和能力得到明显增强。

就专业课教师的课程思政建设意识而言，多数教师对课程思政的基本认知是正确的，且建设积极性不断增强。从本质上讲，课程思政并非课程与思政的简单相加，而是二者的融合，思政寓于课程之中。课程思政是一种新的课程观，并非一门新的课程或一种新的教育实践活动。调查结果显示，当前专业课教师对于课程思政的基本认知是正确的。绝大多数教师认为课程思政并非课程与思政的简单相加。在“您是否认为‘课程思政 = 课程 + 思政’”的调查中，67.11% 的教师认为“不是”。在另一项关于“对‘课程思政概念’理解”的调查中，64.45%的教师认为课程思政是“一种新的课程观，通过挖掘各门各类课程中蕴含的思想政治教育元素，立足于情感态度和价值观的引导，帮助学生树立正确的政治方向和积极的价值追求”。同时，多数教师认为课程思政建设对于学生成长发展有着积极作用。教师对课程思政建设作用的认识，会在很大程度上影响教师开展课程思政建设的积极性。为此，本书就专业课教师对课程思政建设作用的认识进行了考察。多数教师表示专业课教学中的价值引导对学生成长具有潜移默化的作用。具体来看，超过 80%的教师都认识到了思想政治教育对大学生成长发展的作用，并表示有必要在专业课教学中开展思想政治教育。其中，57.81%的教师认为思想政治教育“对学生起到很大帮助，应该大力开展相关工作”，34.55%的教

师认为思想政治教育“对学生起到一些帮助，应该开展相关工作”。

基于对课程思政基本内涵、必要性的正确认识，越来越多专业课教师开展课程思政教学实践的自觉意识和积极性明显增强，主要表现在两个方面：一是绝大多数专业课教师认为课程思政建设具有必要性。教师对课程思政建设必要性的认同度越高，其开展课程思政教学实践与研究的自觉性与主动性就越强。因此，本书专门就教师关于“课程思政建设必要性”的认识进行考察。在访谈中，多数教师表示，课程思政建设对于学生成长发展有着重要价值，因此十分有必要开展。具体而言，52.16% 的教师认为“非常有必要”，32.06% 的教师认为“比较有必要”。二是教师积极主动开展课程思政建设工作。在认同课程思政建设必要性的驱动下，专业课教师必然会积极投入具体建设工作。为了解专业课教师开展课程思政建设积极性的具体情况，本书专门就“自课程思政推广以来，您是否主动去了解过相关思政内容”进行了考察。调查结果显示，专业课教师学习相关内容的积极主动性较强，其中，43.02%的教师经常主动学习、了解相关内容，49.83%的教师偶尔学习。

就课程思政建设能力而言，随着党和国家、省市和高校对课程思政及其师资培训工作的高度重视，专业课教师的课程思政建设能力不断提升。在访谈中，绝大多数教师表示对原先的专业课教学进行了有针对性的调整，在教学实践层面上展现为将价值塑造纳入教学目标，系统梳理并整合专业课教学中的思想政治教育元素，采用多样化教学方法开展价值引领。从问卷调查结果来看，46.84%的教师按照课程思政建设要求修订教学大纲的同时，围绕教学目标、过程、内容、方法等进行了专项教学设计。一是将价值塑造融入专业课教学目标。教学目标是开展课程思政教学实践的指引，对整个教育教学活动开展具有根本导向价值。《高等学校课程思政建设指导纲要》明确指出：“落实立德树人根本任务，必须将价值塑造、知识传授和能力培养三者融为一体，不可割裂。全面推进课程思政建设，就是要寓价值观引导于知识传授和能力培养之中，帮助学生塑造正确的世界观、人生观、价值观，这是人才培养的应有之义，更是必备内容。”因此，将价值塑造融入专业课教学目标是应有之义。目前来看，58.8%的教师就所讲授课程的教学目标进行了设计，将思想政治教育或价值塑造的教学目标融入了课程教学。二是系统梳理并整合思想政治教育元素。教学内容是在课程思政教学目标指引下对教学信息的整合、重构。《高等学校课程思政建设指导纲要》要求：“课程思政建设内容要紧紧围绕坚定学生理想信念，以爱党、爱国、爱社会主义、爱人民、爱集体为主线，围绕政治认同、家国情怀、文化素养、宪法法治意识、道德修养等重点优化课程思政内容供给，系统进行中国特色社会主义和中国梦教育、社会主义核心价值观教育、法治教育、劳动教育、心理健康教育、中华优秀传统文化教育。”这就要求教师有所侧重，根据课程性质、特点就课程内容进行设计。调查结果显示，54.82%的教师对课程教学内容进行了有针对性的调整。三是教学方法多样化。教学方法是连接教师与学生的桥梁。在课程思政教学实践中，专业课教师综合采用“案例教学”“讨论式教学”“讲授式教学”和“情景式教学”等多样化教学方法进行价值塑造。其中，68.6%的教师采用了“案例教学”，63.79%的教师运用了“讨论式教学”，62.62%的教师选择了“讲授式教学”，52.49%的教师运用了“情景式教学”。

## 四、学生对课程思政教学的满意度较高

作为课程思政教学对象，学生是否满意及其满意度如何，是课程思政建设成效的直接体现。为此，本书就学生对课程思政教学的满意度进

行了考察。

第一，多数学生表示课程思政教学帮助其形成了正确的价值观和思维方式。专业课教学中的价值引导对于学生成长为德才兼备的人才至关重要。在访谈中，多数学生表示，课程思政教学能够帮助其树立正确的价值观，形成科学的思维方式。问卷调查结果表明，当前课程思政教学中的精神塑造对绝大多数学生价值观形成了重要影响。9.81% 的学生表示课程思政教学对其价值观和思维方式的影响非常大，55.48% 的学生认为课程思政教学对其价值观和思维方式的影响较大（如图 3–9）。

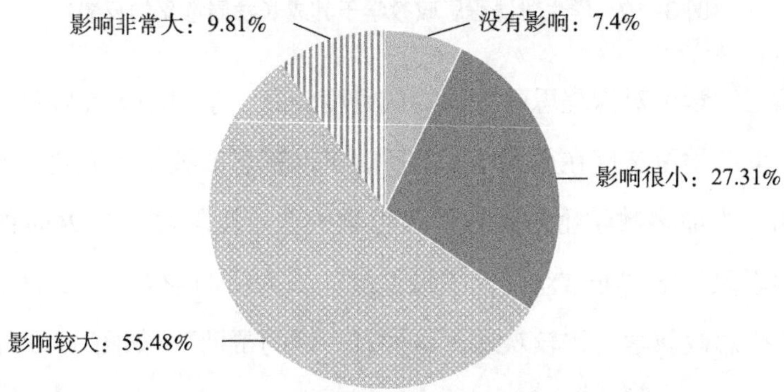


**图 3–9　课程思政教学对学生价值观和思维方式的影响**

第二，多数学生表示课程思政有助于自身成长与发展。从整体上讲，绝大多数学生认为课程思政教学中的价值塑造和思维方式培养有助于其成长与发展。45.8%的学生表示“对自身成长的帮助很大，应大力开展相关工作”，44.95%的学生表示“有一定帮助，应该开展相关工作”，仅有 7.97%和 1.28%的学生分别表示“帮助不大”“不关注，没有看法”（如图 3–10）。

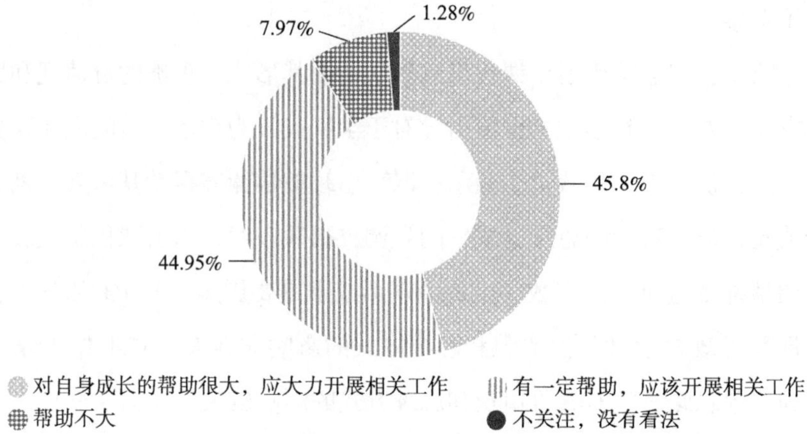


**图 3-10　学生对课程思政教学于其成长发展意义的反馈**

第三，学生对课程思政教学的认可度较高，学习积极性较强。学生的认可度和学习态度在很大程度上反映了课程思政教学的成效。调查结果表明，当前多数学生对课程思政教学的认可度较高。41.26% 的学生对课程思政教学“非常欢迎，积极性强，认为帮助很大”，42.53% 的学生对课程思政教学“比较欢迎，认为有一定的帮助”（如图 3-11）。

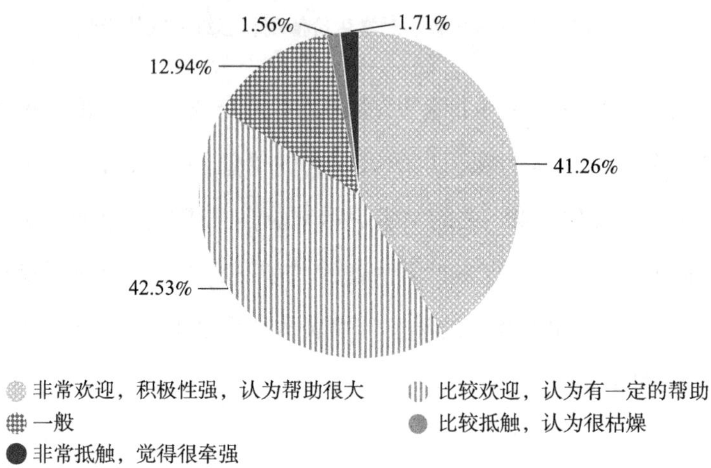


**图 3-11　学生对课程思政教学的认可度**

## 第三节　高校课程思政建设中存在的不足

从上述调查结果来看，近年来高校课程思政建设虽取得了一定的成效，但同时也存在问题。调查结果显示，54.82%的教师（330人）认为所在高校存在“评价体系尚未优化，缺乏反馈和监督”的问题；53.32%的教师（321人）认为所在高校存在“思政元素和课程的融合比较生硬，不够顺畅”的问题；48.17%的教师（290人）认为所在高校存在“课程内容和教学方法没有统一规划，比较随意”的问题；38.04%的教师（229人）认为所在高校存在“课程思政组织形式比较简单，不够丰富”的问题。具体而言，当前高校课程思政建设中存在的不足主要体现在以下几个方面。

### 一、课程思政建设组织协同度有待提升

课程思政作为一项系统性工程，涉及面十分广泛，几乎所有的院系、所有参与教学工作的教师都需要参与其中。与此同时，当前高校推进课程思政的成效参差不齐，集中体现为教师思想政治素养和能力、不同课程开发育人教育效果、同一课程思政教育资源挖掘现状、学生获得感等方面良莠不齐的状态。这些现象之所以出现，一个非常重要的原因就是高校课程思政建设的协同度不够高，即在推进课程思政建设过程中，存在各个部门、各个院系、各类专业课课程“单打独斗”“各自为政”的问题。

第一，学校各部门的联动或协同偏弱。课程思政建设不仅是专业课教师的工作、是各二级院系的工作，而且涉及教务管理部门、人事部门、宣传部、科研处等多个单位。当前课程思政建设工作往往由教务处

牵头，其他专业院系包括马克思主义学院参与和配合。课程思政建设要求在师资建设、评奖评优、专业技术评聘、课程思政建设目标和规划等方面的缺位，导致当下课程思政建设外驱力不足，处于“软约束”状态，更多依赖于专业课教师的兴趣、自觉，以及示范课程的激励。

第二，专业课与思政课尚未形成同向同行的协同效应。专业课与思政课二者实现协同发展的前提是既要把握好各类课程、各门课程的边界，又要明确彼此融合、协作的重点与难点。在课程思政建设过程中，部分专业课教师没有与思政课教师建立良好的沟通协作关系，无法得到思政课教师的帮助，致使其在课程思政建设中处于“自发”状态。专业课教师按照自身对课程思政的理解，要么在专业课教学中大讲特讲思政课相关理论，要么不能精准识别、系统构建其所讲授课程中所蕴含的思想政治教育资源，简单地从形式上将思政教育要求融入课程教学之中，因而难以充分发挥其隐性思想政治教育功能，并同显性思政课教学形成共振效应助力学生成长成才，甚至可能导致专业课教学成效大打折扣。

第三，课程体系构建缺乏系统性和全面性。高校在推进课程思政建设工作中，应科学设计和不断完善课程体系，使教学运行能够有效承载课程思政建设目标和任务。当前高校课程思政建设存在的突出问题就是课程体系缺乏科学规范的系统化设计，主要体现在三个方面：一是课程思政体系建设存在简单重复的问题。课程思政建设要求每一个专业根据年级、学段、人才培养目标等要求从纵向上充分挖掘和运用各类思想政治教育资源，实现由浅入深、由点到面的课程体系设计。而目前课程思政由于缺乏纵向层面的系统化、精细化设计，导致同样的思想政治教育内容在不同学段重复出现、反复贯穿。二是课程思政体系缺乏协同性。在课程思政建设中，不同课程应按照课程性质、定位，从不同视角和维度构建系统的、全面的、协同的课程体系。然而，长期以来，专业课教师犹如“铁路警察，各管一段”，他们只潜心专业课教学组织设计工作，力图通过多种路径和方法讲深讲透专业课理论知识和技能，而忽视了与其他专业课教师的协作。事实上，对于教师而言，其所讲授的课程是有限的一门或几门，但对于学生而言，其所面对的是一个课程群，不同课程有着密切的关联性和交叉性。专业课教师之间沟通协作的缺失或弱化必然造成学科内部课程思政内容衔接不畅、简单重复，甚至冲突，最终导致学生学习获得感降低。三是协同育人体系不完善。课程思政建设要求打通育人的各个环节，实现全过程、全方位育人。当前课程思政体系建设重在专业课教学，忽视了其他隐性教育资源，如校园环境、社会环境、社会实践等环节的育人元素的挖掘和课程思政建设。

## 二、课程思政建设责任传导“上热中温下冷”层层衰减

目前来看，绝大多数高校为深入贯彻落实立德树人根本任务，积极推进课程思政建设工作，制定了相应的实施方案，建立健全机制体制，形成了自上而下的课程思政建设组织驱动力。然而，课程思政建设的责任传导在现实实践中却出现了“上热中温下冷”层层衰减的问题。

第一，部分高校以行政命令式的做法推进课程思政建设工作。科学、有效的组织领导是推进高校课程思政建设工作有序开展的前提和保障。而科学、有效的组织领导建立在对课程思政建设相关行政管理部门、二级院系、一线教师的思想动态与现实实践有所了解的基础上，否则难以在最大范围内调动中层、基层各个单位和个体开展课程思政建设的积极性与主动性。在当前高校课程思政建设工作中，存在的一个典型问题就是，部分高校在课程思政建设中，在并未开展充分调研的前提下，习惯性地以“命令式”“动员式”的行政做法“强行”推进课程思政建设工作，要求各部门、各院系和各门专业课教师在短时间内实现思想政治教育元素的“融入”。尽管学校组织领导层高度重视并积极推进

课程思政建设工作，形成“上热”的强劲驱动力，但在现实工作中难以充分调动院系、一线教师的积极性，继而出现“中温下冷”的问题。

第二，部分学校管理中层对课程思政及其实施方案的理解、认同度较低，导致出现“中温”问题。高校相关教学行政管理部门、二级院系的中层管理承担着信息传达的职责。一方面，中层管理者将学校课程思政建设实施方案、制度、政策准确及时地传达给基层工作人员和一线教师，并将基层人员的意见、需要和问题真实完整地向学校领导层汇报，从而实现全员目标一致；另一方面，中层管理者要通过目标分解、任务分配、协调监督等推进学校课程思政建设方案和规划的具体落实。然而，在高校课程思政建设工作中，部分中层管理者由于对课程思政理解不到位、不准确，以及对学校课程思政实施方案、政策认识不充分，导致在现实工作中时常以宣读文件、口头转述的行政方式传达相关课程思政建设要求，并未对一线工作人员和教师的课程思政建设困境、需求等进行深入了解和分析，继而总结汇报到学校领导层。同时，部分中层领导并未对其部门、院系落实学校课程思政建设方案进行整体部署、具体分工和常规性监察。这些情况必然导致高校管理中层在课程思政建设中存在“中温”问题。

第三，管理基层因组织本身和认识上的不足，在推进课程思政建设工作中出现“下冷”现象。在课程思政建设责任传导中，组织领导层的“上热”的高度重视传导到管理中层演变为“中温”宣贯，当学校课程思政建设部署、规划、政策抵达管理基层时，部分教研室主任、党支部书记等基层管理者就不可避免地出现了“下冷”，在具体实践上表现为不积极组织团队成员围绕学校课程思政建设实施方案、各门专业课课程思政建设实践路径与方法进行深入研讨。部分学校基层管理者难以与学校组织领导层、中层管理者在课程思政建设工作上形成同频共振的原因主要有两方面：一是组织本身凝聚力弱，对学校课程思政认可度低或团队协作意识差。二是基层管理者不知道、不了解、不认同学校的课程思政建设方案、制度、政策。

## 三、部分专业课教师课程思政建设意识和能力有待增强

高校各类专业课教师均承担着教书与育人的双重职责，课程教学也承载着育德与育才的双重功能。然而，部分专业课教师的课程思政建设意识和能力还存在不足。

第一，部分教师对课程思政建设的认知存在一定偏差。从调查结果来看，当前小部分教师对课程思政建设的认识存在错误，主要体现在以下几个方面：一是小部分教师对“课程思政建设必要性”的认同度不够。“是否有必要开展课程思政建设”是专业课教师对这项工作认知并进行价值判断的逻辑起点，直接关系着其教学实践活动。调查结果显示，有约 15% 的教师对课程思政建设必要性的认同度较低。其中，11.79% 的教师认为课程思政建设的必要性“一般”，3.99% 的教师认为“不太有必要”。大学肩负知识传授和价值塑造的双重职能，这必然要求教师在专业课教学中实现价值引导和精神塑造，这是专业课教师必须承担的一项工作。然而，有约 15% 的教师认为课程思政建设并不重要甚至没有必要，这反映了专业课教师尚未普遍形成对课程思政建设的共识和实践自觉，导致其未在行动中真正落实课程思政教学的基本要求，进而无法在教书的同时有效开展育人工作。部分教师甚至仅仅将课程思政建设作为应付上级部门检查，以及申报课题、奖项、荣誉的工具，这既不符合教师教书育人的本职工作，也违背了课程思政建设的价值导向。二是部分教师对“课程思政的含义”的认识不够准确。从本质上讲，课程思政实际上是一种新的课程观，并非一门新的课程或一种新的教育实践活动。而在调研中，我们发现，有 35.54% 的教师对课程思政概念的

认识存在偏差，其中，16.94% 的教师认为课程思政是“一种新的教育实践活动”；18.6% 的教师认为课程思政是“一种新的课程”。这导致一些教师为了应付检查或迎合行政要求，使“专业课程思政化”，即在专业课教学过程中占用大量的时间浓墨重彩地讲授思政课相关内容，甚至将专业课变成了思政课。同时，也有部分专业课教师在课堂教学中，没有考虑到专业知识与思政教育资源的契合性与融合度，“强行”将育人内容融于专业课教学之中。这样就不可避免地出现了“新两张皮”问题，即尽管在专业课教学中涉及育人元素，但专业知识讲授、技能培养与思想政治教育资源彼此分裂、割裂甚至冲突，这不仅将在很大程度上削弱专业知识和技能的有效传授，而且极可能引发学生对专业课教学方案的敌视情绪，育人效果不升反降，违背了课程思政建设的初衷。三是少数教师对课程思政“全过程育人”的理解存在误区。所谓“全过程育人”，是在整个教学环节，包括教学目的、内容、方法、评价等方面将价值塑造要求纳入其中，并非指每一节专业课都要开展课程思政教学。本书专门就教师对“全程过育人”的理解进行了调查。调查结果显示，有 28.74% 的教师认为课程思政建设就是要每节课都要开展相应的思想政治教育，这表明教师对于“全过程育人”的理解存在一定偏差。

第二，部分教师的课程思政教学能力有待提升。教学组织设计是整个教学活动的指引和前提，也是教师教学能力的集中体现。从调查结果来看，部分教师的课程思政教学组织设计较为薄弱。其中。有超过 50% 的教师尚未开展课程思政整体教学组织设计。具体而言，有 41.2% 的专业课教师尚未将价值塑造融入专业课教学目标。有 45.18% 的教师尚未有针对性地调整课程教学内容。仅有 12.46%的教师表示在教学中融入思政元素的程度非常高，37.04%、8.8%和 2.49%的教师分别表示融入得“一般”“比较少”和“几乎没有”。

## 第四节　高校课程思政建设存在问题的原因

高校课程思政建设之所以出现上述问题，原因是多样的，各种原因纵横交错，影响且制约教学成效。多种成因，有的是教师自身能力的不足，有的是机制体制构建尚不健全，还有的是社会大环境的因素。具体而言，主要包括以下三个方面。

### 一、宏观层面：课程思政建设顶层设计较为薄弱

“顶层设计”这一概念源自系统工程学，原指运用系统论方法，从系统全局出发，对工程的各个层次、要素进行总体构想和战略设计。后来这一概念被引入社会科学研究领域，意指规划设计要突出整体战略设计。课程思政建设作为高校落实立德树人根本任务的重要路径之一，其有效开展和良好成效的取得离不开高校党委的顶层设计。近年来，从国家到各省市、高校都在积极推进课程思政建设，并不断强化顶层设计，以期增强课程思政建设的协同效应。如上海市把握宏观、中观、微观三个层面，强化课程思政统筹推进。一是从宏观层面，强化整体规划。制定出台《关于推进上海高校课程思政教育教学改革的实施意见》，推动全市所有高校成立课程思政改革领导小组。二是从中观层面，完善运行机制。推动各高校建立健全教务部门和教师工作部牵头负责，院（系）具体负责，人事处、宣传处等相关部门直接参与的领导体制和工作机制。三是从微观层面，健全技术规范，推动高校更新和完善教育教学管理技术标准。南京大学通过落实主体责任、优化组织机构、融入总体规划三个路径将课程思政纳入学校新时代人才培养新体系，融入新版本科人才培养方案。但总体而言，高校课程思政建设顶层设计仍然较为薄

弱，从根本上影响了该项工作的推进和成效。本书聚焦高校在课程思政建设顶层设计中存在的不足，指出其存在的问题，主要体现在以下几个方面。

第一，课程思政建设目标不明确、不切实际。课程思政建设需要高校根据国家有关文件要求从整体上把握建设目标和要求，强化顶层设计，形成“育人共同体”。不同的高校由于自身不同历史与文化积淀、学校类型的差异性，其课程思政建设的切入点、侧重点和目标应相互区别、各具特色，而不能犯本本主义错误，照搬照抄。当前部分高校由于没有深入、综合分析学校办学特色、人才培养目标、学科特点、历史文化积淀等因素，难以找准自身目标定位。一些高校甚至还存在忽视课程思政建设目标定位这一问题。这就造成在落实国家和省市课程思政建设方案与要求时，本校课程思政建设目标不集中、思路不清晰——要么过高，难以达成；要么过窄，各子系统难以有效贯彻和执行。具体而言，课程思政建设目标定位不清晰、不精准可能导致三个后果：一是难以形成目标合力。各行政部门、各院系作为课程思政建设子系统，根据其工作要求和对课程思政的理解，更关注自身具体目标，忽视子系统目标应服从、服务于学校整体课程思政建设目标，导致高校课程育人成效大打折扣。二是影响各行政部门、院系开展课程思政建设积极性、主动性的增强。学校课程思政建设目标的不清晰、不明确必然造成各行政部门、院系在贯彻落实学校课程思政建设方案时失焦，缺乏明晰的方向感和动力，难以积极投入课程思政建设，并富有创造性地开展课程育人工作。而学校课程思政建设目标过高、过低，很容易造成各行政部门、院系在贯彻落实学校课程思政建设工作时出现畏难或者不扎实推进的状况。三是难以细化分解具体工作。学校课程思政建设目标的不清晰或者过虚、过空泛，在很大程度上造成这一总体目标很难被分解成各行政部门、各院系的子目标，最终造成高校课程思政建设工作无法在具体落实中加以细化。

第二，作为课程思政建设子系统的各行政部门、院系权责划分存在不精准、不周全的问题。从系统角度看，各行政部门、各院系作为一个个子系统，构成了高校课程思政建设的大系统，整个系统的良性运转依赖于各个子系统内部的有序运转和各个子系统的协同。当前高校课程思政建设顶层设计中对各行政部门、院系权责划分存在不清晰、不精准的问题，且对于各行政部门、院系分工协作机制的设计不够周全。这在很大程度上将造成如下后果：一是课程思政建设责任心和积极性受挫。一些部门、院系或岗位由于缺乏与职责相对应的权限，无法有效履行职责，最终造成其开展课程思政建设责任心淡薄甚至缺失，积极性受到严重影响。二是课程思政建设落实工作出现用权混乱、越位、失控现象。权责划分不够清晰，极有可能导致行政部门、院系各自为政，甚至互相推诿，不顾及学校课程思政建设宗旨、目标和总体要求，在课程思政建设实施工作中出现越位，造成失控。

第三，制度设计较为薄弱。高校课程思政建设整体规划要落实到实践层面，需要相应的制度保障和支撑，因此在顶层设计过程中需关注制度建设方面的内容，通过外在制度规范各子系统的课程思政建设行为，并推进各子系统的协作以实现学校课程思政建设总目标。当前高校课程思政建设中的制度设计方面存在的问题主要包括：一是制度设计不完善。落实整体规划、规约各子系统行为的制度设计，如领导协作机制、监督考评机制、激励约束机制等存在不完善，甚至部分缺失的问题，这必然造成课程思政建设各子系统运转停滞、缓慢、不协调等后果，最终导致高校课程思政整体规划无法得到有效落实，立德树人成效不尽如人意。二是制度种类多、制度之间缺乏关联性。部分高校为推进课程思政建设工作，出台了种类繁多的制度，但这些制度存在条款多、规定多、程序多的问题，导致不少制度在执行中出现困难。而且由于这些制度涉及多个行政部门和院系，制度之间的联动性不足，直接造成部分制度的重叠和缺项，这将导致行政部门和院系在执行制度过程中出现推诿问题。三是部分制度与现实脱节。相关部门在制定、推进课程思政建设制度时，缺乏深入细致的调查研究，未立足本校实际，或制度执行者对制度的意见未能被及时反馈给决策者，最终导致部分课程思政建设制度与学校实际脱节。

## 二、中观层面：课程思政建设体制机制不完善

当前高校课程思政建设的理论研究有待深入，经验模式有待进一步总结，加之不同高校在校情、教情、学情等方面的差异性，因而难以在短时间内制定并出台一系列符合本校课程思政建设的组织领导、协调沟通、激励约束和考核评估等工作机制。而工作机制不健全、不完善，在很大程度上影响了各类专业课教师推进课程思政建设与教学实践的决心和动力。本部分从组织领导机制、约束调控机制、保障评估机制等方面就高校课程思政建设体制机制存在的问题进行分析。

### 1. 组织领导机制不健全

组织领导机制是确立课程思政建设目标、制定课程思政建设方案、统筹安排各个部门分工协作的关键，是高校课程思政建设工作的大脑和中枢。在当今高校课程思政建设工作中，之所以出现行政部门、教学管理部门、二级院系协同较弱的问题，其根本原因在于组织领导机制不健全。

第一，课程思政建设领导小组缺位。课程思政建设领导小组是整个领导机制构建的核心和组织保障，而目前多数高校尚未成立专门的课程思政建设领导小组。这不可避免地导致课程思政建设出现权责不明、重

视程度不够的问题，继而造成某些行政部门将课程思政建设看作党委、教务管理部门、二级院系的工作，认为与行政管理部门无关，或者出现部门具体机构相互推诿、人员懈怠的问题。长此以往，不可避免地将出现政策制定者、管理者与被管理者、教育者与被教育者的矛盾。

第二，高校课程思政建设机制整体规划不足。高校课程思政建设是一项复杂的系统性工程，需要多个主体分工与协作，而分工与协作必然要求有一定的规章、制度作为依据，并进行全域性统筹规划和设计，从而形成育人合力。当前不少高校并未从战略高度将课程思政建设和实践纳入人才培养规划，对其实施、发展进行整体性规划和设计，且落实到学校有关规章制度的建设之中，从而导致课程思政建设方向不明确、质量评价标准缺位、课程思政建设主体缺乏协同等问题，使得课程思政建设难以形成齐抓共管的工作方式，使党的领导力和组织力大打折扣，课程思政建设总体目标与各个建设主体目标的配合难以形成默契，甚至出现冲突，最终造成课程思政建设系统的失衡、无序，以及整个课程思政建设系统的紊乱。

### 2. 教学运行机制缺乏规范性

教学运行机制是推动和保障课程思政建设工作落实的重要力量，直接影响着课程思政教学实践成效。当前高校课程思政教学运行机制建设存在以下两个方面的不足。

第一，教学运行机制存在滞后性、被动性和片面性。课程思政的实施主体主要是一线专业课教师，专业课教师的育人意识和育人能力越高，课程思政的教学效果越好。但事实上，在当前高校课程思政的建设和发展中，无论是专业教师的个体素养，还是专业教师团队的整体力量，都严重滞后于课程思政的高要求。导致这一困境的原因主要有两个：一是部分专业课教师个体素质还停滞在原先的知识能力范畴，仍将专业知识传授和技能培养作为专业课教学的核心目标和任务。而课程思政建设要求专业课教师调整和更新既有认知，实现专业知识、价值引导和能力培养的多元整合。二是课程思政教师团队力量单一化。当前大多数专业课教师开展课程思政教学仍处于各自为政、单打独斗的状态，基于其对课程思政本身理解的偏差，其课程思政建设不可避免地处于自发状态，因此他们迫切需要得到思想政治理论课教师以及课程思政建设专家的指导。

当前高校课程思政教学运行机制的被动性和片面性主要体现在：要么片面地依赖上级党委和行政部门的领导作用，要么被动地适应外在考核评估要求，这就造成高校课程思政建设领导机制与工作机制出现不协调的问题。在这种情况下，高校二级院系和一线专业课教师全员、全过程、全方位参与课程思政建设的积极性和主动性难以得到激发，专业课教师难以形成开展课程思政建设的内驱力、认识到课程思政建设对于学生个体成长和社会发展的作用。运行机制之所以被动，和长期以来专业课教师不重视学生思想政治教育工作，并将其归为思想政治理论课教师的职责有着密切关联。受这种认知偏差的影响，不少一线教师未将学生思想政治教育工作作为自身职责，这很容易造成课程思政建设低效化乃至无效化。

第二，教学运行机制中的教育内容缺乏系统性和多样性，教育方式和手段单一。当前课程思政建设和实践缺乏吸引力、针对性的重要原因就是从教育内容到教育方法都缺乏现实性、感染力，造成学生学习获得感不强。就教育内容而言，不同于思想政治理论课的是，专业课中的思想政治教育元素和资源具有零散化和隐匿化特点，需要教师进行系统挖掘和梳理，且实现专业课内容与思想政治教育内容的契合。当前，由于专业课教师对于思想政治教育内容的了解和掌握存在不全面、不深入的问题，导致其难以系统性挖掘和整理专业课中的思想政治教育内容，并实现德育与智育内容的整合，最终造成“强行”课程思政教学和拼接化课程思政教学的问题，甚至出现专业课“思政课化”的问题，即专业课教师在教学过程中生搬硬套地大讲特讲思想政治理论课的内容。

课堂教学是课程思政教学实践的主阵地、主渠道。不同于纯粹知识和技能教学的是，课程思政中的价值引领教学目标的实现更多依赖于课堂上师生、生生的互动、交流和沟通。单向度的理论讲授法，严重制约了学生深入思考和反省自身的积极性，且难以把握学生实际思想状况及其教育需要。由于对不少专业课教师而言，课程思政是一项“新工作”，难以及时调整长期以来的教学习惯和教学方法，因此他们难以在教学实践中使课堂向学生开放，并形成以问题探究和主体讨论为主的课堂形式。换言之，通过课堂讨论的方式进行价值引领和精神塑造，对专业课教师提出了挑战。

### 3. 考核评估机制不完善

课程思政建设工作的有序推进、教学实践成效的提升均离不开相应的考核评估机制的监督、反馈和激励，因此高校在课程思政建设过程中，应建立健全考核评估机制，明确考核评估工作的实施主体、对象、内容、手段和方法等。当前高校课程思政建设考核评估中存在的未将课程思政教学效果纳入整体教学评估指标体系、评价中重结果轻过程的问题，都与课程思政建设考核评估机制不够完善、缺乏对全面评价和有效评价的系统化设计和规定有着密切关联。

第一，实施考核评估工作的主体不明确。课程思政建设的考核评估工作必然需要由一定的管理组织和具体工作人员来承担，否则，这项工作难以长期有序进行。就考核评估管理组织而言，它为课程思政建设评估活动正常开展和有序进行提供了组织支持的作用，主要负责分解领导机构决策，确定课程思政评估目标，确定实施评估工作的人员数量、结构组成和基本职能。就考核评估人员而言，他们是考核工作的具体落实者。课程思政建设本身具有复杂性、重要性，且关涉意识形态，因此对承担考核评估工作的主体的素质、能力提出了较高要求，要求他们不仅要具备各门各类学科的专业知识、丰富的教学实践经验，还要具备较高的政治素质、坚定的政治立场和正确的价值观。当前多数高校并未设立专门的课程思政建设考核评估管理组织，也未确定相应的考核工作具体落实人员，这就导致课程思政建设过程与成效的考核评估缺乏整体规划和全域统筹，难以及时发现并反馈问题，在很大程度上影响了课程思政建设成效的提升。

第二，考核评估客体不全面。除构建课程考核评估的管理组织和确定负责考核评估的具体工作人员外，还应确定相应的考核评估客体，即考核评估的对象。当前高校普遍将专业课教师作为课程思政建设考核评估的对象，通过对其课堂育人能力的考察，评定其课程思政建设成效。不可否认，专业课教师是首当其冲的考核客体，但他们绝不是唯一的评估对象。尽管专业课教师是课程思政建设工作的具体落实者，直接关系着高校贯彻落实立德树人根本任务的成效，然而，事实上，课程思政建设是一项关涉多个部门、多个主体的工作，其顺利开展并取得良好效果，有赖于多个部门和主体的通力合作，而且学生是课程思政建设成效的直接反映者，因此从整个课程思政教学实践过程角度看，课程思政建设考核评估的对象自然应包括相关高校的行政管理部门、二级院系、专业课教师和学生。考核评估对象仅仅聚焦于专业课教师的这种做法显然存在单一性问题，应在此基础上进一步丰富评估客体，以实现立体化、整体化评估。

第三，考核评估规则和指标体系不健全。课程思政建设考核评估规则是课程思政建设评估的组织纪律保障，它是指课程思政建设评估工作的规定程序和评估人员的工作规范、任务、职责和奖惩办法等实施考核评估活动的制度或章程。无论是大规模的全校课程思政建设评估，还是某类、某些课程思政建设的专项评估，都要按照统一部署进行，制定相应的考核评估程序。当前不少高校并未制定相应的课程思政建设考核评估规则，导致考核评估工作处于随机化状态。课程思政考核评估指标具有导向作用，它由课程思政建设与实践必须遵循的一定价值标准和目标转化而来，是评估主体开展考核评估时所依据的准则。课程思政建设目标往往是抽象的、原则性的，如培养德、智、体、美、劳全面发展的社会主义建设者和接班人。这种目标性的要求难以通过测试及分析直接进行评价和判断，这就需要评估人员将这些原则性、概括性和抽象性的评估目标逐步分解为一个个可观测和评价的分目标，使得目标具象化，从而形成课程思政建设的评估指标体系。同时，不同指标在评估指标体系中的地位和作用是不同的，因此在整个指标体系中的不同指标的权重存在差异。当前高校课程思政建设中存在的一个重要问题就是考核评价指标体系不完善甚至缺位。不少高校仅仅按照国家或省市制定的课程思政建设指导纲要或实施方案、要求中的抽象性、模糊性的目标来衡量和评价课程思政建设工作的开展情况及其成效，导致课程思政建设考核评估结果缺乏科学性和客观性。

第四，考核评估方法缺乏多元性。课程思政建设评估方法是指为了达到某种课程思政建设评估目的，根据评估原则和指标体系选用的有助于评估工作开展的手段、工具。在评估工作中，既要从方法论的高度构建课程思政建设评估方法体系，又要从实践层面出发遴选多种具有可操作性的实施方法。具体评估方法包括：评估信息搜集法（如随机抽样法、非随机抽样法）、评估信息获取法（如观察法、问卷法）、评估信息整理法（如信息资料审核法、信息资料分类法）、评估信息资料汇总法。课程思政建设评估活动的复杂性，决定了评估方法的多样性。当前高校在开展课程思政建设和成效考核评估的过程中，所采用的方法较为单一，往往仅通过听课观察法对专业课教师的课程思政教学成效进行评估。

#### 4. 激励约束机制建设较为薄弱

激励约束机制对于调动专业课教师课程思政建设积极性、主动性，规范其课程思政建设行为具有重要作用。从目前情况来看，多数高校并未将课程思政建设要求作为一项重要任务和指标纳入教师队伍建设工作，这就造成课程思政建设成为一项可有可无的、全凭教师自觉努力的“软”指标，并不对其具有较强的约束力，甚至可能导致部分专业课教师将课程思政建设看作一项附加性教学任务，产生抵触和排斥情绪，直接产生对课程思政建设工作开展和成效提升的负面影响。因此，高校人事部门要强化课程思政在师资培养、考核评价、职称评审等方面的重要作用，实施课程思政的评价和激励优先机制，鼓励各门各类教师在专业课程中融入思政教育元素，提升专业课教师的育人能力，并体现在工作评估和业绩考核中，从而激发每一位专业课教师的积极性和创造性。高校教务管理部门要倾斜政策，保障资源投入，谋划好课程思政的培育课程、示范课程，并积极引入优质社会资源，提升课程思政建设质量。

#### 5. 信息交流机制构建尚不完善

高校课程思政建设成效之所以未能得到很大程度的提升，一个根本原因就是专业课教师对课程思政的理解、认知以及育人能力方面存在短板，这导致他们要么并非十分认同在专业课教学中开展价值引导工作，要么不清楚如何才能有效地将思想政治教育内容融入专业课教学，因此课程思政建设工作的顺利开展及其成效的显著提升有赖于构建相应的信息交流机制。当前高校正在尝试通过培训、课程思政教改课题研究推进思想政治理论课教师与专业课教师的交流，但这种跨学科的信息交流往往是临时性、随机性的和零散化的，难以普遍地、有针对性地解决专业课教师在课程思政建设中的痛点，这就造成课程思政建设工作的整体推进存在很大阻力。在这种情况下，高校应统筹多个部门和二级院系搭建思想政治理论课教师与专业课教师的交流平台，强化专业课教师内部的交流沟通，并制定与之相适应的规范制度，促进思想政治理论课教师与专业课教师、专业课教师内部的信息交流的常态化、规范化。

## 三、微观层面：专业课教师育人意识和能力有待提升

“教师是具有最大权威来决定教育实践的设计者，是通过自身将课程的文化内容和意识形态内化、具象化的教育主体。”[①]专业课教师是决定课程思政最终能否取得成效、成效好坏的关键。作为课程思政建设的关键主体，教师的课程思政认知、育人能力直接决定着课程思政的建设效果。当前专业课教师的育人意识和能力还存在短板，有待提升，主要表现在以下两个方面。

第一，专业课教师存在育人意识薄弱、偏差和缺位问题。加拿大教育学家克兰迪宁（Clandinin）认为，教师的“个人的实践性知识”中的“知识”是教师在长期的经验积累中生成的在个人活动中所表现出的信念、信心、有意识或下意识的活动等。下意识的思考、缄默知识及信念对教师在教学过程中的教学行为及其意识起到非常重要的作用。教师下意识的关于课程思政的认知与理解，信念、信仰，对马克思主义理论知识的掌握，从根本上决定着课程思政建设成效。当前部分专业课教师对课程思政建设依然存在犹豫、排斥，甚至反对的态度，部分专业课教师仍保有狭隘的育人理念，认为课程思政建设徒增工作量，有可能影响

① 佐藤学．教育方法学［M］．于莉莉，译．北京：教育科学出版社，2016：157.

其正常的专业课教学任务的完成。这些问题充分反映了专业课教师存在课程思政认识偏差、理念缺位问题，对其课程思政教学实践提出了现实挑战。

第二，专业课教师育人能力有待提升，课程思政教学缺乏系统性、启发性和全面性。专业课教师的育人能力一方面体现了教师的课程思政认知和理念，另一方面从根本上影响着课程思政建设成效。目前，部分专业课教师受限于自身马克思主义理论水平，仍然存在专业知识、能力教学与思想政治教育"两张皮"问题，导致课程思政建设被悬空虚置，还有部分专业课教师教学能力不足，难以有效实现思想政治教育内容的融入。在具体教学实践中，专业课教师育人能力方面的问题主要体现在三个方面：一是思想政治教育内容融入呈现碎片化、零散化，缺乏系统性。课程思政的核心任务是将思想政治教育工作融入专业教学的全过程，这就要求专业课教师通过系统挖掘课程中蕴含的思想政治教育元素，强化课程的价值引领和精神塑造，而非剥离或者越过专业课程，从外部强行嫁接思想政治教育知识以实现价值引领。当前部分专业教师在课程思政教学设计中，在没有系统化梳理专业课中蕴含的思想政治教育元素的情况下，随机地或者依靠临时性的主观发挥将一部分思想政治教育内容"植入"专业课教学，表现在具体课程运行中，就是强行将理想信念、社会主义核心价值观、中华优秀传统文化等内容碎片化、机械地嫁接或"植入"专业教学。这种碎片化、零散性，甚至随意性的思想政治教育元素的融入，极有可能导致课程思政中价值引领缺乏系统性，造成生搬硬套和杂乱无章的局面，不利于充分发挥专业课程的育人功能。二是课程思政教学方法缺乏启发性、针对性，具有较强的灌输性。教学方法作为教师与学生建立联系的媒介和纽带，其是否适合学生的特点和身心发展规律、是否立足于学生的需要和兴趣，在很大程度上影响着学生对课程思政教学的满意度。整体而言，当前专业课教师在课程教学方法的选择上存在单一性、机械性问题。部分专业课教师仍旧沿用专业课教学方式方法开展课程思政教学实践，而未根据所讲授课程的特点、性质以及课程思政的侧重点选择具有针对性、创造性的方法开展教学活动。在具体课程运行中表现为部分课程思政教学实践仍以课堂讲授为主，教学活动脱离学生、忽视学生主体性，弱化或消解了学生主体作用，造成课堂教学缺乏启发性和互动性，呈现较为鲜明的灌输性特征，最终导致课堂教学吸引力下降。三是课程思政教学路径呈现单一性、片面性的特点，缺乏全面性。课程思政教学并非等同于课堂思政，而是贯穿于课前、课中、课后整个教学过程。部分专业课教师在课程思政教学实践中，仅在课堂教学中融入思想政治教育要求，而忽视课前、课后两个环节，难以实现全过程育人和全方位育人。

# 第四章

# 新时代高校课程思政建设路径与方法

在分析高校课程思政建设历史、现状、存在的问题和成因的基础上，我们不禁要思考这样一个问题：未来高校课程思政建设要向何处去？如何对现行高校课程思政建设工作进行改革和调整，以更大程度满足学生成长成才需要、增强学生学习获得感？归根结底，我们是要解决这个问题：如何进一步提升课程思政建设成效？而要回答这一问题，我们要弄清楚教师在课程思政建设中遇到了哪些困难、希望得到哪些方面的支持。本书对此进行了考察。

就专业课教师遇到的困难而言，多数专业课教师在课程思政教学过程中都遇到了多方面困难。调查结果显示，51.5%的教师（310 人）表示“自身的思政知识储备不足”，48.67%的教师（293 人）表示“专业课教学时间、精力有限”，36.54%的教师（220 人）表示“课程本身难以挖掘思政元素”，35.88%的教师（216 人）表示“思政元素融入生硬，思政和专业结合有难度”，35.05%的教师（211 人）表示“缺乏思政教育的授课经验和技巧”，同时还有少部分教师表示自己遇到的困难是“没有参加过专业培训和学习，没有章法”（27.24%）和“课程思政效果评价不到位，难以掌握学生的反馈”（30.9%）（如图 4–1）。

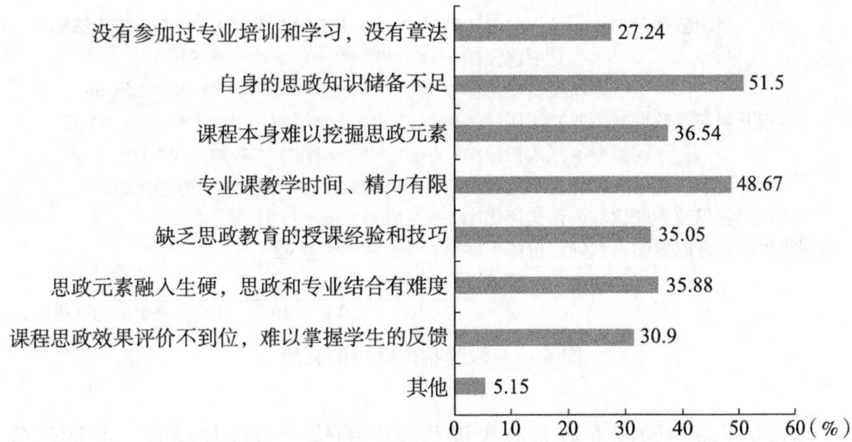


**图 4-1　教师在课程思政教学中遇到的困难**

就教师希望获得的支持而言，不少教师在访谈中对所在高校的顶层设计表达了需求和期待，如“加强顶层设计，建立高校思政建设、校际教师交流的平台”“在校内营造宽松的不被条条框框束缚的育人环境，由此激发教师育人的主动性”“将课程思政工作常态化，完善工作评价制度，并与教师个人发展和绩效考核相挂钩”等。问卷调查结果显示，大多数教师希望可以得到“组织教师参加相关培训学习”“定期开展与思政课教师的交流研讨”“专项经费支持”和“现场观摩优秀示范课”等方面的支持。其中，54.98%的人希望“组织教师参加相关培训学习”，54.32%的教师希望“定期开展与思政课教师的交流研讨”来解决课程思政教育中遇到的困难，51.66%的教师认为课程思政的推进需要有“专项经费支持”，且学校应组织教师“现场观摩优秀示范课”。同时还有部分教师从“聘请专家深入指导”“组织课程思政主题比赛或评奖评优”“将课程思政教育成效纳入教师评价体系”等方面向学校和有关部门提出期望（如图 4-2）。

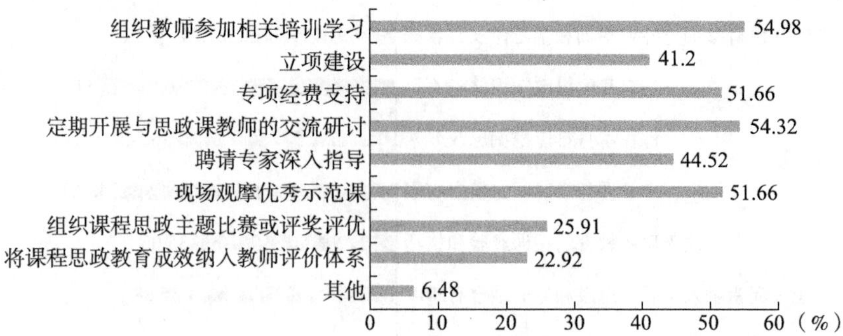


**图 4-2　教师希望获得的支持**

在梳理新中国成立以来高校课程思政的建设历程和经验，并调研分析当前高校课程思政建设现状、问题及其成因的基础上，本书立足高校实际，围绕课程思政建设对策，从以下几个方面进行讨论。

## 第一节　变革理念：实现社会本位与个体本位的互构

“观念的东西不外乎是移入人的头脑并在人的头脑中改造过的物质的东西而已。”[①]只有实现观念上的变革，才能从根本上为课程思政建设顶层设计和机制体制构建奠定坚实的基础。要充分发挥观念对高校课程思政建设的积极作用，就要做到“教育变革、观念先行”。高校课程思政建设改革创新绝不仅仅是组织机构、制度、资金保障、人员等方面的重新调整，价值观念、建设理念的更新是整个高校课程思政建设的底层逻辑。

在教育领域中存在两种不同的教育理念：以社会为中心和以个人为中心。然而，事实上，社会与个人在本质上是统一的。“社会本身，即

① 中共中央马克思恩格斯列宁斯大林著作编译局.马克思恩格斯选集：第2卷［M］.北京：人民出版社，2012：93.

处于社会关系中的人本身”[①]，社会本身既具有“人为”的性质，也具有“为人”的性质。社会本位的教育理念与个人本位的教育理念并非绝对对立，而是在根本上相互统一的，二者是互构性关系。就高校课程思政建设工作而言，由于其中所蕴含的隐性思想政治教育的特殊性与作用，即引导学生树立正确的价值观、培养社会主义合格建设者与接班人，高校课程思政建设应侧重“社会本位”。但在具体教育过程中，应坚持以人为本，尊重专业课教师和学生主体性、创造性和需求。因此，高校课程思政建设顶层设计、政策、制度、内容、方法等的形成和制定既要从国家建设和社会发展出发，也应着眼于个体发展和需求。

## 一、为国家建设和社会发展服务

将为国家建设和社会发展服务作为高校课程思政建设的价值取向，是由当前国情和未来社会发展趋势所决定的。

第一，高校课程思政建设为国家建设和社会发展服务，是我国当前和未来发展的迫切需要。当前国际竞争、国家建设和社会发展，越来越取决于科学技术的现代化，取决于能够掌握、应用和发展现代科学技术的高级专门人才，这些人才不仅需要掌握相应的专业知识和技能，更要具有较高政治素养和坚定的社会主义理想信念，这是我国现代化建设的重要保障，正如邓小平所指出的：“把我国建设成为现代化的社会主义强国，并且在上层建筑领域最终战胜资产阶级的影响，就必须培养具有高度科学文化水平的劳动者，必须造就宏大的又红又专的工人阶级知识分子队伍。”[②]政治素质是非常重要的素质，它对人才科学文化素质的形

① 中共中央马克思恩格斯列宁斯大林著作编译局.马克思恩格斯全集：第46卷下［M］.北京：人民出版社，1980：226.

② 中共中央文献编辑委员会.邓小平文选：第2卷［M］.北京：人民出版社，1994：104.

成以及运用具有重要制约作用。因此，在国家建设和社会发展中，加强课程思政建设、实现知识教育与价值引领的统一，显得尤为重要。对此，习近平总书记在全国高校思想政治工作会议上指出："我国高等教育发展方向要同我国发展的现实目标和未来方向紧密联系在一起，为人民服务，为中国共产党治国理政服务，为巩固和发展中国特色社会主义制度服务，为改革开放和社会主义现代化建设服务。"因此，在高校课程思政建设中，我们要将培养具有较高政治素质、坚定政治信念的人才作为根本职责，为社会主义现代化建设服务。

第二，高校课程思政建设目标应以国家建设和社会发展为出发点。"高校德育目标就是培养高级专门人才适应社会主义现代化建设所需要的思想道德素质。它体现为具有坚定建设中国特色社会主义道路的政治信念和实现社会主义现代化的共同理想，具有以集体主义为准则、以为人民服务为核心的道德准则和价值取向。"[①]高校课程思政建设目标不仅要着眼于帮助学生提高思想政治素养、树立坚定的政治信念，而且应着眼于国家建设和社会发展，即以国家建设和社会发展需要为依据。高校还要根据自身办学特色，以及国家建设和社会发展中不同层次、不同方面的需要，制定具体的建设目标，作为课程思政建设的依据。

## 二、以人为本，彰显"人"的地位

尽管高校课程思政建设与实践在整体上应侧重"社会本位"，但在具体教育过程中，应做到以人为本，尊重专业课教师和学生的主体性。

---

① 骆郁廷.面向现代化：大学德育改革的根本方向［J］.学校党建与思想教育，2000（8）：33.

这是因为寓价值观引导于知识教育之中的课程思政教育实践活动是建构在“人”的基础上的实践活动，它不能脱离人而存在。在高校课程思政建设与实践过程中，无论是专业课教师开展思想政治观念和价值取向的传播与传输，还是学生价值认知的变化与价值理性的形成，均离不开学生作为主体的能动性的发挥。因此，只有坚持以人为本，充分尊重学生的主体性，激励他们主动开展和接受思想价值引导，才能使他们逐渐形成符合社会要求的价值观和行为。

第一，尊重大学生自身的特点、天赋和潜能。高校在开展课程思政建设的工作中，无论是顶层设计，还是政策、制度的制定，都需要建立在对学生充分理解的基础上，而不是教条主义地将国家、省市制定的课程思政建设文件中的要求强加给学生。这意味着充分尊重学生自身的特点、天赋、潜能和内心世界，而不是用成人世界的方式去改造、塑造他们。唯有如此，才能合理而积极地引导和影响学生的价值观。①尊重学生的特点。卢梭说：“儿童是有他特有的看法、想法和感情的；如果想用我们的看法、想法和感情去代替他们的看法、想法和感情，那简直是最愚蠢的事情。”[①]目前，无论媒体还是教师，都在讨论大学生价值方面存在的问题，但却忽视了一点：大学生虽然生理上已基本发育成熟，但他们的心理尚未成熟，他们是正从自然人向社会人过渡的“发展中的人”，因此高校必须以尊重学生的特点为基本前提，把他们当作“发展中的人”看待，而不能以成人的标准，或者理想化的标准衡量他们、批评他们。在课程思政教学实践中，教育者必须尊重大学生自身的特点，研究他们独特的精神生活，有的放矢地开展教育活动。而脱离、偏离，甚至违背学生特点的教育活动不可避免地将遭到学生排斥、反感，甚至抵制。整体而言，当前大学生的特点主要表现在两个方面：一是兴趣关

① 卢梭．爱弥儿：上［M］．李平沤，译．北京：商务印书馆，2001：91.

注呈现微观化、碎片化的趋势。深受市场经济和大众文化蓬勃发展影响的当代大学生，其自我意识普遍较强，越来越多的学生将兴趣关注的重点放在切身利益、琐碎感触之上，较为缺乏对国家、民族宏观层面上政治生活、政治秩序与政治价值导向的关注、关心。二是价值观呈现复杂化、多样化特征。受全球化时代多种理论思潮、社会心理的影响，当前大学生的价值取向呈现复杂化、多样化特征。②尊重学生的天赋和潜能。在课程思政教学过程中，教师要充分尊重学生的天赋和潜能，而非过多地干预或者强加给他们一些东西。这是因为“人与生俱来就有探索创造的冲动，有与人联系、交流的欲望，有对秩序、格局的敏感，这是人性的潜能。”[①]也就是说，人天生具有适应社会既定秩序的潜能。而“尊重”意味着将大学生看作主体，相信其自我判断和决策的能力，这是大学生个体提升自己政治价值理性反思能力、评判能力、政治实践能力的关键。需要注意的是，这里所说的“尊重”并非指“毫无作为”，而是指在尊重大学生天赋和潜能的前提下，将其引向积极的、健康的发展方向，让大学生学会判断、反思、沟通等。因此，教育者在具体教育过程中，一方面要尊重学生的天赋和潜能，另一方面要引导学生朝着良性方向发展。

第二，了解、整合学生的期待和需要。因国家所具有的成熟性和权威性，其思想政治教育往往需要以压倒性优势占据主体地位，课程思政建设中学生的思想政治教育需要很容易被忽视、轻视，这将在很大程度上导致高校课程思政建设方案、政策、制度等脱离客观实际，难以发挥实际作用。“人类的行动都发生于他们的需要、他们的热情、他们的兴趣、他们的个性和才能。”[②]需要是个体认知和行为的内在动力，高校为

① 朱小蔓，朱永新．中国教育，情感缺失［J］．读书，2012（1）：4.

② 黑格尔．历史哲学［M］．王造时，译．上海：上海书店，2001：21.

课程思政建设出台的政策、制度、规范等能否被学生所接受和认同，从根本上取决于其能否满足学生的需要。因此，高校在课程思政建设过程中必须了解学生的需要。

大学生的内在需要在很大程度上决定了课程思政建设的成效与成败。如果课程思政建设与实践对学生的影响契合了学生的心理需要，那么课程思政建设与实践就会在学生的心理结构中呈现扩展的态势。而如果完全忽视了学生的感受和需要，那么课程思政建设实践就难以进入学生当下的心理结构。在了解学生需要和期待的基础上，高校还应整合、引导学生的需要。不同学生所生存的自然环境和社会环境不同，其生活方式以及利益诉求也存在差异，因此，学生对于课程思政建设的期待与需要必然呈现鲜明的差异性、多样性。这就要求高校在课程思政建设工作中必须引导和整合学生需要，以使其在不断展现出其缺乏、依赖和要求的同时，具有社会性、客观性和适应性。

总体而言，在教育理念方面，课程思政建设应将社会本位与个人本位统一起来，一方面应尊重学生主体性，努力满足他们对课程思政教学的需要；另一方面应兼顾国家和社会的要求。

## 第二节 强化课程思政建设与发展的整体规划

强化顶层设计的根本原因是课程思政建设是一项复杂的系统工程，它涉及其他各门各类专业课程与思政课程、第一课堂与第二课堂、学生工作等多个方面，不是某一个部门或各个学院可以独立完成的，必须由学校党委顶层设计、统筹推进，才能保证方向正确、执行有力。正如《高等学校课程思政建设指导纲要》所指出的：“课程思政建设是一项系统工程，各地各高校要高度重视，加强顶层设计，全面规划，循序渐进，以点带面，不断提高教学效果。”加之，我国已经进入全面推进高校课程思政建设时期，各方面的任务十分繁重，亟须明确课程思政建设的优先顺序，使课程思政建设工作有序推进。这就要求高校党政领导层从战略思维和全局视野出发，通过统筹考虑，完善课程思政建设的整体思路、重点任务、关键领域和先后顺序等，全面系统、积极稳妥地推进高校课程思政建设。在《高等学校课程思政建设指导纲要》指导下，一些省市、高校积极开展课程思政建设顶层设计工作。例如，江苏省于2019年印发《关于加快培养一流人才建设一流本科教育的实施意见》，明确提出要“强化课程思政和专业思政”，要求高校在专业教育中做到“思想引领、知识传授、能力提升”相融合；2020年7月，印发《关于深入推进全省高等学校课程思政建设的实施意见》，在全国率先建立课程思政学校层面、专业层面和课程层面三级指标体系。[①]浙江省教育厅出台《浙江省高校课程思政建设实施方案》，提出在所有高校、所有学科专业全面推进课程思政建设，5年内培育一批示范校、示范课程，并提出高校要将课程思政作为课程设置、教学大纲核准和教案评价的重要内容。[②]湖南省完善各级领导体制、建立各级责任体系、健全各级检查制度，一体化构建领导坚强、责任清晰、保障有力的高校“三全育人”综合改革领导体制和管理机制。[③]南京大学非常重视顶层设计，并通过多种路径全方位构建课程思政新格局：一是落实主体责任。成立课程思政工作领导小组，建立院系党委书记、院长带头抓课程思政机制。二是优化组织机构。以“熔炉工程”为引领，聚合思政教育职能，整合育人资源，构建“三全育人”新格局。成立本科生院，将多部门分散式的管

① 葛道凯．打好课程思政建设组合拳［N］．中国教育报，2020-12-21（10）．

② 蒋亦丰．浙江高校全面推进课程思政　五年内培育一批示范校、示范课程［N］．中国教育报，2020-12-24（1）．

③ 蒋昌忠．围绕“三全育人”唱响立德树人主旋律［N］．中国教育报，2020-12-21（9）．

理方式转变为高效率综合式的育人模式。成立新生学院，全面试行书院制管理模式，为创新推进课程思政建设提供强有力的组织保障。三是融入总体规划。将课程思政纳入学校新时代人才培养新体系，融入新版本科人才培养方案。在借鉴已有研究成果和实践成果的基础上，本书认为高校课程思政建设顶层设计应从以下几个方面入手。

## 一、准确定位课程思政建设的目标

课程思政建设目标在整个高校课程思政建设生态系统中具有关键性地位，直接影响着党政各部门的分工协作、奖惩机制、评价机制的构建，并从根本上制约着课程思想建设成效。目前我国对高校课程思政的标准制定和指导还在探索中，由此造成一些专业课教师对专业课程的思想政治教育目标的制定存在不明确、不具体的问题，这必然在一定程度上制约课程思政教学内容的梳理、教学方法的选用，继而从根本上影响教学效果。高校可以从以下几个路径入手，准确定位课程思政建设目标。

第一，坚持教育的政治立场是课程思政建设的首要价值目标。站在新时代的历史坐标点上，提高课程育人的政治站位，是全面推进课程思政建设的首要价值目标。“我国高等教育发展方向要同我国发展的现实目标和未来方向紧密联系在一起，为人民服务，为中国共产党治国理政服务，为巩固和发展中国特色社会主义制度服务，为改革开放和社会主义现代化建设服务。”①这“四个服务”为我国高等教育人才培养指明了方向，是对当下和未来高校人才培养目标的新定位。高校在全面推进课程思政建设的工作中，要坚持立德树人理念，把知识传授、技能培养与

① 习近平．努力办好中国特色社会主义高校［N］．人民日报，2016-12-09（4）．

价值引领融为一体，引导学生树立对马克思主义的信仰、对中国特色社会主义的信念、对中华民族伟大复兴中国梦的信心，以此从政治高度巩固社会主义办学方向，为国家培养德、智、体、美、劳全面发展的合格建设者和接班人，培养担当民族复兴大任的时代新人。

第二，拓展课程的思想深度是课程思政建设的核心价值目标。“人才是实现民族振兴、赢得国际竞争主动权的战略资源”①，高水平人才培养体系建设的核心就是要抓住“培养什么样的人、如何培养人以及为谁培养人”这些根本性问题。全面推进课程思政建设就是从挖掘各门课程本身所具有的思想政治教育资源入手，通过开展教育教学活动，帮助学生成为有思想深度的人才。关于培养学生的思想深度，可以从两个方面来认识：一是课程知识体系与课程思政的相互支撑。尽管课程所蕴含的思想价值观念元素融入各门课程的方式存在差异，但其共同目标是超越人才培养的实用主义、功利主义，通过深度挖掘课程的育人功能，帮助学生掌握专业知识和技能的同时，树立正确的价值观，形成科学的方法论与思维方式，以思想的深度做好知识与价值的协调，站稳家国立场。二是课程思政建设与学生思想价值需求的对接。课程思政的实施还需深入研究学生的思想特点、认知特点、需求与期待，认识当下学生对个体独立自由、“小确幸”的追求，以及由此给“价值认同教育”带来的挑战，通过在各门课程中建设价值同向知识链，使对学生思想价值观念的引导在思政课程与课程思政之间实现无缝对接，从而使我们培养的人才有完整的知识体系的同时，能够具备坚定的政治立场、浓厚的家国情怀和勇于创新的精神。

第三，分级设置课程思政教学实践目标。一切教学活动均以一定的

---

① 习近平.决胜全面建成小康社会，夺取新时代中国特色社会主义伟大胜利［M］.北京：人民出版社，2017：64.

教学目标为导向，且始终围绕实现教学目标而进行。教学目标分为三个层次：课堂教学目标、课程目标、教育成材目标。这就要求高校教务部门、专业负责人、课程负责人按照学校性质、课程特点，遵循教学规律，共建环环相扣的多级课程思政目标，即学校课程思政建设总目标→学科课程的思想政治教育目标→专业课程的思想政治教育目标→课堂的思想政治教学目标。专业课程思政目标既要服务于学校大的课程思政建设目标的实现，又要指导具体的课堂教学小思政目标的设计。就专业课教师而言，在具体的课程思政目标定位过程中，不应仅局限于学生专业知识和能力的提高，还应将学生价值理性的形成，情感、态度的变化，以及行为的改变纳入其中。

## 二、确立课程思政建设的原则

遵循相应的原则是坚持正确方向开展课程思政建设的基础和前提，学校课程思政建设应恪守以下原则。

第一，合目的性原则。合目的性是指课程思政建设始终要以服务专业人才培养目标、服务学校人才培养目标为导向。就服务专业人才培养目标而言，课程思政建设不仅要体现本专业、本学科学习所涉及的知识传授、能力培养目标，而且要将价值塑造融入其中。以往，专业人才培养方案往往侧重于对知识传授、专业技能培养方面的要求，且就所涉及的具体课程、培养路径与方法等进行了详细说明，但忽略了对学生价值引领和精神塑造方面的要求，导致培养目标设置中对学生思想观念方面的引导不明确、不具体，甚至缺位，即使涉及价值塑造方面的要求，也以“高素质”“健全人格”这类抽象、模糊的词语来表达，相应地，对该方面的培养要求在学科建设、教学大纲、教学内容与方法中也就难以真正落实。而开展课程思政建设工作就要求将价值引导融入专业人才培养目标之中，且与专业知识传授、技能培养融为一体，始终围绕专业知识传授、专业技能培养，以培养从事各行各业的专业性人才作为目标导向，在专业人才培养过程中根据专业人才基本要求有侧重地培养和塑造学生某些方面的价值观。就服务学校人才培养目标而言，课程思政建设要按照学校类型和人才培养要求体现不同类型高校的办学特色。我国高校分为综合型、专业型、技术型等类型，不同类型的高校对其人才培养有着不同目标和要求。高校在开展课程思政建设过程中要紧紧围绕学校的人才培养目标，分门别类地确定不同的育人目标。例如，农学类院校就应以培养知农爱农的创新人才为目标，引导学生以强农兴农为己任，增强服务农业农村现代化、服务乡村全面振兴的使命感和责任感；师范类院校应以培养“四有”好教师为育人目标。高校的人才培养目标和各个专业的人才培养目标最终都是培养担当民族复兴大任的德、智、体、美、劳全面发展的社会主义建设者和接班人，这体现了合目的性原则。

第二，合规律性原则。合规律性是指课程思政建设育人目标的实现，必须符合客观规律，力戒简单化、一刀切，讲求科学性。课程思政实践要符合思想政治工作规律、符合学生成长发展规律，从学生思想实际出发，引导他们树立正确的价值观。具体而言，课程思政建设与实践应遵循以下三个规律：一是要遵循学生身心成长规律。所有教育教学活动的起点都是学生认知特点、价值观现状、需求与期待，归宿都是促进学生成长发展。课程思政建设要遵循学生的身心发展规律，教学活动的组织设计与实践均要以研究学生的群体特性与个性发展需求为前提，满足他们对价值观引导以及丰富精神世界的需求。遵循这项规律必然要求教师针对不同专业、学段的学生，以其思想政治现状与特点为出发点，有针对性地开展思想纠偏与价值观塑造工作。二是要遵循教书育人规律。“教书育人规律，是指在教育者培养教育对象成长、发展过程中，教书与育人固有的、本质的、必然的联系；其中教书和育人的性质、目的和内容是教书育人的根据和发展变化的基础，是最重要的本质联系。”[①]课程思政建设遵循教书育人规律，就要求教师将知识传授、技能培养与价值引领统一起来。知识传授、能力培养要有价值引领，知识与能力承载价值。育人以教书为载体，教书以育人为导向和目的。教书育人规律要求教师在课程思政教学实践中以学生为本，热爱、关心学生，与学生平等相处，坚持科学性与价值性相结合的原则，不仅帮助学生学会“做事”，而且要有意识地引导他们学会“做人”，改变原先“只教书不育人”的认识误区和做法。三是要遵循思想政治工作规律。思想政治工作的一般规律是人的思想行为活动规律。思想政治工作过程的基本规律包括教育者与受教育者双向互动规律、内化与外化辩证统一规律。课程思政作为高校思想政治工作的重要组成部分，在具体实践中要在侧重知识传授与能力培养目标的基础上，正确处理教师主导与学生主体的关系，在完成知识、能力培养这些“硬核”教学任务的过程中帮助学生形成正确的情感、态度、价值观和行为方式，使学生在现实生活实践中检视和认同相应的价值观，做到知行合一。

第三，合系统性原则。人的思想观念的形成和发展受多种因素的影响，因此，育人是一件涉及面非常广的工作。课程思政作为高校立德树人的重要抓手，遵循合系统性原则，就是要求重视人、环境、教育的相互作用，使这些因素形成合力，有效帮助学生成长成才。一是要加强专业课与思政课教师的交流与协同。这两者的协同一方面能够帮助专业课教师更为准确地理解思想政治教育及其基本要求，充分挖掘其所讲授课程的思政教育资源，合理化课程教学组织设计，构建专业课思政育人与思政课育人的共振，增强育人实效；另一方面有助于确定和厘清思政课与专业课在育人方面的共性与区别，避免出现专业课演变为思政课的问

---

① 郑永廷，林伯海.教书育人规律及其遵循对策研究［J］.思想教育研究，2017（6）：4.

题。二是要突破时空局限，实现课内外、校内外的协同。课程思政建设不能仅仅局限于课堂教学与校内育人，还应将教育教学工作延伸至课外、校外，实现课内外、校内外课程思政实践的有机衔接，塑造全员育人的格局，营造良好的育人环境，不断强化育人成效。

## 三、制定课程思政建设发展规划方案

制定学校课程思政建设中长期发展规划，规划既要符合课程思政建设和各个学科发展的要求，又要与学校人才培养目标保持一致。高校应从育人本质要求和国家意识形态战略高度出发，对课程思政建设与发展作出整体规划，提出具体目标任务，制定相应指标要求和实施步骤。课程思政建设发展规划应主要包括以下内容。

第一，确定课程思政建设目标。建设目标是学校课程思政建设的根本指针，因此，课程思政建设要有明确的目标导向。高校在确定其课程思政建设总目标时，应根据其办学特色、人才培养目标，按照国家课程思政建设的基本要求进行精准定位，力戒照搬照抄、本本主义和一刀切。例如，师范类院校的课程思政建设应以培养“学高为师，身正为范”的“四有”好教师为总体目标；工科类院校的课程思政建设应以培养学生精益求精的大国工匠精神、激发学生科技报国的家国情怀和使命担当为总体目标；医学类院校应以培养学生“敬佑生命、救死扶伤、甘于奉献、大爱无疆”的医者精神为总体目标；艺术类院校应以“引导学生自觉传承和弘扬中华优秀传统文化、全面提高学生的审美和人文素养，增强文化自信”为总体目标。在此基础上，高校还应要求各二级院系根据学校人才培养总体目标，根据各个学科、各个专业自身的性质和特点“因课制宜”确立各门课程思政建设目标。不仅如此，高校还应就课程思政建设成效及其评价标准、优质课程思政比例等方面进行系统化设计。

第二，确定课程思政建设思路与步骤。建设思路涉及课程思政该怎样启动建设与实施工作、通过怎样的路径与方法、需要调动哪些方面的资源等方面。建设步骤是在建设思路指导下对课程思政建设工作进行任务分解、确定建设的先后顺序。课程思政建设思路方面的主要内容包括建构与其相关的部门的协同机制，教学管理、科研等方面的资源配置，以及要达到的效果。例如，通过强化专业课院系与马克思主义学院的沟通，建立团队协作机制，从而建构一流课程思政教学示范课程。课程思政建设步骤可以根据学校具体情况，进行周期性、阶段性规划，确定每个周期、每个阶段的具体工作和任务，以及具体负责单位和负责人。

第三，确定课程思政建设的具体内容。课程思政建设的内容是指需要做哪些工作。一般而言，课程思政建设的具体内容主要包括如下几个方面：一是师资队伍建设。这方面的建设内容设置的根本目的是通过多渠道、多路径的培训和学习增强专业课教师的育人意识和育人能力。二是课程思政建设工作机制体制构建。这部分主要是指在切实加强对课程思政建设的领导的基础上，结合实际研究制定各地、各高校课程思政建设工作机制。三是课程思政建设工作格局构建。这方面的主要内容是建立党委统一领导，党政各部门齐抓共管、联动推进的建设工作格局，确定各个部门的职责分工以及协作的方式。

第四，确定课程思政建设条件保障。条件保障是课程思政建设得以顺利开展并不断有效运行的基础。一般而言，高校课程思政建设的条件保障应该包括两个部分：一是经费支持。这方面主要是要加大对课程思政理论研究和教学实践探索方面的经费投入，鼓励教师积极开展课程思政建设方面的教学研究工作，以进一步加强和改进课程思政建设成效。例如，高校教务部门可以设置专门的课程思政研究课题和课程思政示范课程。二是政策支持。这方面就是要将教师在课程思政建设工作中的投入和成效纳入各种考核评价标准，以增强教师进行课程思政教学和课程思政建设创新的积极性、主动性和创造性。

## 第三节　完善课程思政育人机制体制

如何推进课程思政建设工作有序、有效开展，成为当前高校面临的一个重要问题，而机制体制建设是促进课程思政教学工作的顺利开展并取得良好成效的关键和保障。正如邓小平指出的："领导制度、组织制度问题更带有根本性、全局性，稳定性和长期性。"[①]从系统论角度看，高校课程思政建设机制的构成要素主要包括三个：①课程思政建设主体。它是指课程思政建设动力的载体或者实施者，是存在于高校课程思政建设中的利益主体。广义的高校课程思政建设主体包括学校管理者，教学行政、科研和督导系统，教师、学生、社区等。②课程思政建设动力。它是指推动高校课程思政建设发生、发展的力量，也就是影响高校课程思政建设的各种因素或因素的集合，对于高校课程思政建设工作的落实施加作用并使之改变。课程思政建设动力包括课程思政建设的传导，即将课程思政建设的政策、方案、制度等转化成课程思政建设成果的中介指标；课程思政建设的协调，即为各种课程思政建设主体的利益协调提供条件和保障的制度、政策；课程思政建设的支持，即教育行政、科研和督导系统，中介机构、社区、资金，课程思政建设指导方针、目标、战略步骤，良好的高校课程思政建设环境。③课程思政建设对象。它是高校课程思政建设过程中的一切建设客体的统称，包括三类：课程思政建设的人的对象，即课程思政建设过程中建

① 中共中央文献编辑委员会.邓小平文选：第2卷［M］.北京：人民出版社，1994：333.

设主体的角色转变或者思想观念转变问题；课程思政建设的关系对象，一般表现为人与人的关系问题，通常情况下是指高校课程思政建设过程中根据建设的需要来调整人与人的关系；课程思政建设的物的变革，课程思政建设对象可以是一种具体的制度或者体制，如课程思政教学评价制度或教研制度，也可以是一种关系，如师生关系或者高校课程思政建设过程中关涉的各种人与物的关系。高校课程思政建设机制是指构成高校课程思政建设系统中核心要素及其相互关系的工作原理。高校要形成加强课程思政建设的制度和体制机制导向，推动课程思政教学实践快速发展。

## 一、构建上下联动的领导协作机制

《高等学校课程思政建设指导纲要》明确规定："各高校要建立党委统一领导、党政齐抓共管、教务部门牵头抓总、相关部门联动、院系落实推进、自身特色鲜明的课程思政建设工作格局。"要落实与推进课程思政建设工作，必须建立上下联动的领导协作机制。

### 1. 成立课程思政建设工作领导小组

课程思政建设工作领导小组是开展顶层设计和推动课程思政建设与实施的关键主体。高校应成立由党委书记任组长，分管教学工作的校领导牵头负责，思想政治理论课教学部门、各二级学院，宣传、人事、财务、教学、科研、学生管理等机构分工负责，并协同推进的课程思政建设工作领导小组。如北京航空航天大学党委成立"学校思政课程与课程思政建设工作小组"。党委书记和校长亲自担任组长，主管教学的副校长和主管思政工作的副书记担任副组长，各部处和院系负责人为成员，小组定期开会制定课程思政各阶段工作细则。思政课教师与专业课教师集体备课，研讨教学内容改革。[①]

第一，学校党委是高校课程思政建设工作的“指挥中心”。高校党委在思想政治工作中具有提纲挈领的作用。2018年，习近平总书记在全国教育工作大会上指出：“加强党对教育工作的全面领导，是办好教育的根本保证……各级各类学校党组织要把党建工作作为办学治校的重要工作……把党的教育方针全面贯彻到学校工作各方面……思想政治工作是学校各项工作的生命线，各级党委、各级教育主管部门、学校党组织都必须紧紧抓在手上。”[②]作为高校思想政治工作的重要组成部分的课程思政建设，要充分发挥党委的政治核心作用。高校党委高度重视、统筹规划、调动各方，全盘考虑课程思政建设的管理机制、运行机制、考评机制等的顶层设计。学校党委要扎实落实立德树人任务，明确课程思政建设目标，将课程思政建设纳入重要议事日程，实时诊断、研判课程思政建设中存在的突出问题，在工作任务部署、队伍建设、条件保障等方面采取有效措施。高校党委书记要落实课程思政建设第一责任人的责任，校长要切实负起政治责任和领导责任。党委书记和校长定期到学院听取课程思政建设工作汇报，解决实际存在的问题。分管教学、科研等工作的校领导要主动研究课程思政建设工作，对学院课程思政建设进行指导。

第二，建立校党委统一领导、党政各部门齐抓共管的工作格局。高校应构建校党委统一领导下，党政各部门如宣传部、人事处、教务处、学工部等积极参与的工作格局，形成各个院系、各门课程努力开展课程思政教学探索，教师认真开展课程思政教学，学生积极学习专业课程的良好氛围。这就要求高校党政领导担起主体责任，亲自指导课程思政建

① 赵罡．协同联动扎实推进课程思政建设［N］．中国教育报，2020-06-06（2）．

② 习近平．论坚持党对一切工作的领导［M］．北京：中央文献出版社，2019：277-279．

设。学校教务管理部门要主动建设课程思政管理机制、教学运行机制和监督反馈机制，这有助于避免课程思政教学实践浮于表面。人事部门要建设奖惩机制，对于积极主动开展课程思政建设，并且做出一定成绩的专业课教师给予相应的奖励，从而驱动专业课教师投身课程思政建设工作。

第三，充分发挥思政课教师的积极作用。加强思想政治理论课教学部门课程建设、学科建设、师资队伍建设，充分发挥其在课程思政建设中的积极作用，为专业课课程思政建设提供坚实的理论支撑、学术支撑、队伍支撑。

第四，强化承担专业课教学工作的二级学院党的领导。在课程思政建设中要"紧紧抓住教师队伍'主力军'、课程建设'主战场'、课堂教学'主渠道'，让所有高校、所有教师、所有课程都承担好育人责任，守好一段渠、种好责任田。"进一步落实学院党委（党总支）课程思政核心组织领导责任，保证党和国家以及学校制定的课程思政建设政策的贯彻执行。加大承担专业课教学工作的二级学院的参与力度。根据不同院系、不同课程的性质、特点，积极发挥专业课的隐性思想政治教育功能和优势，大力增强专业课教师思政育人意识和能力，将教书与育人合而为一。

### 2. 创建领导小组内各部门协同育人机制

课程思政建设工作需要在党委的统一领导下，由多个部门协同推进，才能有序开展，并取得一定成效。课程思政建设领导小组各部门应如何协作，实现同频共振？这就需要构建它们的协同育人机制。

作为落实高校立德树人根本任务第一责任者的党委，要通过制定相应的课程思政建设政策、制度等引导、激励、规范和调控课程思政建设工作的开展与运行。一方面，通过规划课程思政建设蓝图，搭建多主体协作桥梁，积极发挥正面引导作用，联动党政部门、二级院系等各方面力量，引领和指导各主体全面落实和推进课程思政建设与教学实践，全面构建体现新时代特征的高校课程思政建设体系；另一方面，通过发挥宏观层面的制度与机制的调控作用，及时调整各主体目标和行为，促使各主体、各因子发挥其相互作用且形成共同体效应，以有力推动课程思政建设工作，构筑课程思政建设宏观上和谐的生态关系。

在学校党委发挥好主导作用的基础上，党政各部门，如教务处、宣传部、人事处、科研处各二级教学单位等主体要主动加强多元协同，充分发挥各方在课程思政建设中的积极作用，与顶层设计相互呼应、助力、协作，共同营造有利于推进高校课程思政建设的良好氛围，产生更大的集成推动效应。

马克思主义学院应充分发挥思想政治教育资源富集优势，积极调动思政课教师力量，加强与专业课院系及其教师的合作，一方面开放思想政治教育资源，帮助专业课教师温习、巩固马克思主义基本理论；另一方面主动介入课程思政专业和人才培养，提供课程思政建设的学科支撑与理论资源支撑。在这个过程中，可以探索由马克思主义学院牵头成立的课程思政交流协作机制，面向不同专业课教师需求，提供思政教育资源，促进思政课与课程思政融合发展。通过加强马克思主义学院和其他院系的相互支持、相互促进，帮助专业课教师深入了解课程思政的基本要求，提升育人能力。

作为落实和创新学校课程思政建设机制的各院系，应在校党委、院党委（党总支）指导下发挥好课程思政教学实践的主导作用。各专业课院系要结合专业人才培养目标，“因课制宜”地落实课程思政建设工作，结合自身在专业建设发展过程中形成的专业优势和专业特色，充分利用思想政治理论课教学部门的教师资源、课程资源，有步骤、有体系地科学设计和架构课程思政教学体系，全面提升学生思想政治素养，引导学生树立正确的价值观、掌握科学的思维方法。要鼓励教师自由探索，在增强课程育人意识的基础上，把课程思政建设融入人才培养、教育教学、科研全过程。专业课教师是课程思政建设工作的具体落实者，在整个课程思政建设生态框架中发挥着基础和终身的作用。除了通过课堂教学开展课程思政建设，教师的言传身教具有强大的感染力，能潜移默化地帮助学生树立正确的价值观。要鼓励一线专业课教师积极开展与其他相关课程教师、思政课教师的协作，积极配合学校课程思政建设工作，建构课程思政教学实践的完整闭环。

## 二、创建多学科互利共享的交流机制与平台

长期以来的学科壁垒使得知识的边界十分清晰，最终导致各个学科的教师都成了“井底之蛙”和摸象的盲人，对世界的认知衍生出了“片面 / 局部的深刻”。蔡元培在《北京大学月刊》发刊词中写道：“治文学者，恒蔑视科学，而不知近世文学，全以科学为基础……治自然科学者，局守一门，而不稍涉哲学，而不知哲学即科学之归宿，其中如自然哲学一部，尤为科学家需要；治哲学者，以能读懂古书为足用，不耐烦于科学之实验，而不知哲学之基础不外科学，即最超然之玄学，亦不能与科学全无关。”[①]尽管各个学科有着明确的研究对象且彼此分别，但学科之间存在密切的关联，因此不同学科、专业课的教师有必要开展跨学科交流共享活动，以扩展自身认知边界，了解和掌握不同课程的交叉性与渗透性，继而提升育人实效。不仅如此，教师作为高校课程思政建设工作的关键主体，其“实践性知识”，即教师个人活动中所表现出的信念、信心、有意识或下意识的活动等，是以个人经验为基础的，因此，

① 蔡元培 . 发刊词［J］. 北京大学月刊，1919（1）：1.

为提升教师的“实践性知识”，仅仅进行相互的知识交流是不够的，必须保障个人实践经验交流与共享的机会。[①]那么，如何打破学科壁垒，推进教师的跨学科学习和实践经验交流与共享，成为高校课程思政建设中面临的一项难题。

创新多学科互利共享的交流机制与平台是最重要的路径与解决方法。当前，不少省市和高校正在积极构建思想政治理论课教师与专业课教师“育人共同体”，并建设合作备课平台和机制。如江苏省于2020年通过民政部门，正式注册成立江苏省高等学校教学管理研究会课程思政建设工作委员会，搭建了课程思政省域层面的研究、咨询和学术交流专门机构，组织河海大学等十余所高校成立联合攻关小组，共同开展重大专项研究，通过理论创新指导课程思政建设实践。河北大学组建了课程思政教学共建团队，形成课程思政专门化结对制度和常态化运行机制，由马克思主义学院思政课教师做专业课共建人，指导和帮助专业课教师深挖课程中蕴含的思政元素，日常开展思政讲堂、交流研讨、主题实践等活动。[②]

### 1. 创设跨学科交流互动机制

学校教务主管部门、教师发展中心等部门要为不同学科，尤其是专业类学科与马克思主义理论学科的交流互动创设平台，并鼓励以跨学科研讨会、专题研讨会、集体备课会、合作撰写论文和申报课题等多种形式的合作，增强专业课教师与思政课教师的交流、对话，促使专业课教师在交流协作中不断深化对思想政治教育的认识、对马克思主义理论的理解，从而为系统性挖掘、整理、构建所讲授学科的课程思政内容奠定

① 佐藤学．教育方法学［M］．于莉莉，译．北京：教育科学出版社，2016：171.

② 孟庆瑜，阴冬胜．发挥“主力军”“主战场”“主渠道”作用　全面推进课程思政建设［N］．人民日报，2021-06-08（13）.

坚实的基础。

第一，举办常态化跨学科集体备课会。跨学科集体备课会是不同学科教师展开交流的重要形式，因此学校可以有针对性地组织不同形式的常规性跨学科集体备课会。集体备课会交流的主要内容包括：按照教育部和学校课程思政建设要求和实施方案，在研究学生思想政治状况、需求和期待的基础上，根据不同课程的性质、特点，调整或修订专业课程教学大纲，深度挖掘课程所蕴含的思想政治教育资源，及时更新和优化教学内容，讨论有效教学法，为进一步加强和改进课程思政教学质量出谋划策。集体备课会的形式主要包括以下几种：一是组织某一类专业课程的授课教师与思政课教师共同参与备课会。对于专业课程而言，尽管彼此存在差异，但也存在共性，因此可以组织某一类专业课程与思政课教师的集体备课会，在交流讨论中准确定位该类课程的思政教学目标、教学内容等。二是组织某一门专业课程与思政课教师共同参与备课会。在这种“一对一”的集体备课会中，通过教师之间的深度交流，分享并挖掘不同具体课程所蕴含的思想政治教育资源，研究符合学生实际的有效教法。三是组织同类专业课程群内部的跨学科集体备课会。课程群内部的集体备课会能够帮助教师在课程思政建设工作中达成共识、互相学习、取长补短，同时也能够避免同类课程思政资源重复的问题。集体备课会频率与次数由院系进行系统规划，可以采用线上、线下两种路径，以主题研讨、案例分析等多种形式，围绕教学计划、参考案例、教学经验、课件制作、课程设计、教学难点和新问题等多个方面进行充分交流、经验共享，积极总结课程思政教学规律。

第二，组织跨学科听课学习活动。学校要鼓励和组织教师互相听课，促进教师互学互鉴。跨学科听课学习活动可以分为如下几种形式：一是专业课教师根据自身兴趣、课程性质和特点参与思想政治理论课课堂学习。通过听课，专业课教师能够进一步巩固自身思想政治理论素养和对相关知识点的认识和理解，进而通过反思进一步挖掘所讲授课程中蕴含的思想政治教育资源，并对其课程思政建设进行整体性构建，使思政育人知识体系更具系统性、科学性，从而优化课程思政育人成效。二是专业课教师参与同类专业课程听课学习。课程思政要求专业课教师协同育人，在互相听课学习中，吸取经验和借鉴好的做法，避免同类专业课出现思政资源重复的问题。三是思政课教师参与专业课听课学习。思政课教师参与专业课课堂教学听课学习，一方面能够帮助专业课教师进一步了解相关专业知识，将思政课教学内容与专业课程内容进一步融合，化解“两张皮”问题，增强思政课教学现实针对性，提升专业学生的学习获得感；另一方面能够帮助专业课教师丰富课程中的思政教育资源，并通过与专业课教师的交流沟通提高专业知识与思政内容的契合度，达到润物无声的效果。

第三，设立课程思政教学研究课题。课程思政教学不仅仅应在教学实践中深入探索，而且要开展教学研究，通过教学研究总结实践经验与规律，并在分析存在的问题的基础上探索改进举措，继而以理论研究指导、推进课程思政教学实践活动，在教学实践中验证理论，最终形成课程思政教学理论研究与教学实践探索的良性互动。学校在设置课程思政教学研究课题时应要求参与成员涵盖专业课教师和思政课教师，以推进不同学科的交流互动。课程思政教学研究课题可以包括两种类型：一是专业课课程思政实践探索基础上的教学研究。设置这类课题的主要目的是总结课程思政实践中的成绩与不足，在反思中优化课程思政教学组织设计。此外，这类课题研究还有助于归纳课程思政建设中具有普遍性的规律，以帮助其他专业课课程思政建设。二是课程思政建设机制、实践路径等方面的基础理论研究。这类课题研究侧重于研究课程思政建设实践中具有一般性和普遍性的基础问题，如对课程思政认识的偏差或误区、课程思政资源库、课程思政建设机制、课程思政价值与作用的研究。

### 2. 分类创建课程思政教学资源库

教学资源库是实现优质课程思政教学材料互利共享的重要平台，不仅对于教师课程思政建设具有榜样示范作用，而且能够帮助教师互学互鉴，进而增强课程思政育人意识、提升课程思政育人能力。课程思政教学资源库建设应由教务处牵头，各二级学院积极参与，共建共享，从而实现优质资源的传导与扩展，最大限度发挥示范效应。《高等学校课程思政建设指导纲要》要求在课程思政建设中“尊重教育教学规律和人才培养规律，适应不同高校、不同专业、不同课程的特点，强化分类指导，确定统一性和差异性要求”。因此，高校应根据不同专业、课程特点，分门别类地建立课程思政教学资源库。学校可以按照课程类型建立公共基础课程、专业类课程、实践类课程思政教学资源库，涵盖精彩教案、精彩课件、精彩课程、思想政治教育资源等。

第一，分类构建精彩教案、精彩课件、精彩课程资源库。《高等学校课程思政建设指导纲要》明确要求：“高校课程思政要融入课堂教学建设，作为课程设置、教学大纲核准和教案评价的重要内容，落实到课程目标设计、教学大纲修订、教材编审选用、教案课件编写各方面，贯穿于课堂授课、教学研讨、实验实训、作业论文各环节。”课程思政要落实到课堂教学全过程，而教案、课件、课程是教师课程思政教学组织设计的直观反映，因此构建优秀教案、课件、课程资源库能够帮助教师快速了解课程思政实施策略，掌握课程思政的教学方法。应由教务处牵头组织专家、教师、学生等根据课程性质、特点分门别类地建设优秀课程思政教案、课件、课程资源库。高校在优质课程思政教学资源库建设中，应从以下几个方面着手：一是明确评选标准，确保优秀课程思政教学资源能够集中体现课程思政建设的根本宗旨和具体要求，具有示范辐射作用。二是组建评选小组，成立由教学督导组成员、课程思政教学名师、学生共同参与的评选小组，以确保选拔出来的优质课程思政教学资源具有代表性。三是通过开展优秀教学成果评选活动、课程思政教学设计比赛等方式遴选优质资源。教务处可以通过定期开展优秀教学成果评选活动和课程思政教学设计比赛，将课程思政教学质量和水平作为首要评价标准，一方面以赛促教、以赛促改，以优带劣、以强带弱，促使教师将主要精力放在研究课程思政教学内容、创新教学方法、提升课程思政教学实效上；另一方面在评选比赛中遴选出优质课程思政案例和资源。

第二，分类创建课程所蕴含的思想政治教育资源库。就公共基础课而言，要深入挖掘其中蕴含的爱国精神、科学精神、宪法法治意识、国家安全意识、奋斗精神、思想品德元素。就体育、美育类课而言，要挖掘和总结其中蕴含的增强体质、健全人格、锤炼意志、提升审美素养、陶冶情操、温润心灵、激发创造创新活力等思想政治教育资源。就专业课课程思政资源库建设而言，要根据不同学科专业的特色和优势，从课程所涉专业、行业、国家、国际、文化、历史等视角出发，深度挖掘、提炼专业知识体系中所蕴含的思想价值和精神内涵，如文学、历史学、哲学类专业课程中的社会主义核心价值观、中华优秀传统文化、革命文化、社会主义先进文化；理学、工学类专业课程中的科学精神，认识问题、分析问题和解决问题的能力，探索未知、追求真理、勇攀科学高峰的责任感和使命感，精益求精的大国工匠精神，科技报国的家国情怀和使命担当；医学类课程中的“敬佑生命、救死扶伤、甘于奉献、大爱无疆”的医者精神，把人民群众生命安全和身体健康放在首位的理念，依法应对重大突发公共卫生事件的能力等。就实践类课程而言，要根据课程类型分类挖掘思想政治教育资源。对于专业实验实践课程，要注重挖掘其中蕴含的学思结合、知行统一、勇于探索的创新精神及善于解决问题的实践能力；对于创新创业教育类课程，要挖掘其中的创新精神、创造意识和创业能力；对于社会实践类课程，要总结其中的劳动精神、艰苦奋斗精神。

## 三、建立奖惩分明的激励约束机制

奖惩分明的激励约束机制是专业课教师开展课程思政建设的内驱力，也是开展课程思政建设工作的实践指引。高校在激励约束机制建设中，可以从以下几个方面入手。

### 1. 将课程思政建设要求纳入专业课教师人才引进制度

教师是课程思政建设的“主力军”，提升专业课教师潜心从教和育人育德的能力，要把好教师的“入口关”，在引进和选拔教师时严格要求，把好“政治关、师德关、业务关”。

第一，着重考察教师的思想政治品格。2016 年 12 月，习近平总书记在全国高校思想政治工作会议上强调，高校教师要努力成为先进思想文化的传播者、党执政的坚定支持者，更好担起学生健康成长指导者和引路人的责任。[①]教师的基本思想政治素养，包括政治信仰等，在很大程度上影响着学生政治价值观的形成和发展。这就要求高校在考察新入职教师的政治面貌、教育背景、科研基本情况等以外，进一步加强思想政治把关，若发现问题，在核实的基础上实行“一票否决制”。

第二，注重对教师进行师德师风方面的考察。2016 年 9 月，习近平总书记在北京市八一学校与教师座谈时强调：“广大教师要做学生锤炼品格的引路人，做学生学习知识的引路人，做学生创新思维的引路

① 张烁，鞠鹏. 习近平在全国高校思想政治工作会上强调　把思想政治工作贯穿教育教学全过程　开创我国高等教育事业发展新局面［N］. 人民日报，2016-12-09（1）.

人，做学生奉献祖国的引路人。”①同年12月，他在全国高校思想政治工作会议上指出，要加强师德师风建设，坚持教书和育人相统一、言传和身教相统一、潜心问道和关注社会相统一、学术自由和学术规范相统一，引导广大教师以德立身、以德立学、以德施教。②教师的一言一行都在无形地传递着其价值观，其言传身教的榜样力量对学生成长发展具有潜移默化的深远影响。课程思政建设对教师自身的“德性”修养提出了更高要求。教师只有具备良好的道德品质、端正的行为作风，才能更有效地塑造学生的心灵、塑造人的生命，进而塑造未来社会。因此，学校应将对教师师德师风方面的考察作为教师准入制度中不可或缺的一个指标，如出现师德师风问题，可以实施“一票否决制”，取消入职资格。

### 2. 将课程思政教学要求融入人才培养方案

《高等学校课程思政建设指导纲要》中明确要求：“高校课程思政要融入课堂教学建设，作为课程设置、教学大纲核准和教案评价的重要内容，落实到课程目标设计、教学大纲修订、教材编审选用、教案课件编写各方面，贯穿于课堂授课、教学研讨、实验实训、作业论文各环节。”课程思政建设贯穿于高校教育教学全过程必然要求修订和完善人才培养方案。培养方案是高校实现人才培养目标和实施人才培养的总体方案，是学校组织和管理教育教学过程的重要依据，也是高校实施教育教学质量监控和评价的基础性文件。在高校课程思政建设工作中，各院系、各专业要按照国家和学校关于课程思政建设的指导文件，根据学校人才培养目标和各专业人才培养方向，将课程育人要求落实到人才培养方案中。

---

① 鞠鹏.习近平在北京市八一学校考察时强调 全面贯彻落实党的教育方针 努力把我国基础教育越办越好［N］.人民日报，2016-09-10（1）.

② 张烁，鞠鹏.习近平在全国高校思想政治工作会上强调 把思想政治工作贯穿教育教学全过程 开创我国高等教育事业发展新局面［N］.人民日报，2016-12-09（1）.

培养方案修订工作的总体指导思想应是：坚持以习近平新时代中国特色社会主义思想为指导，全面贯彻党的教育方针和高校立德树人根本任务，坚持“以学生为中心”的教育理念，立足于学生全面发展，帮助其实现专业知识、技能、思想政治素质的协调发展和综合提高，以培养爱国奉献，拥护党的领导，掌握发现问题、分析问题、解决问题的思维方式方法的专业人才为导向，使学生具备扎实专业基础理论功底和良好思想素质，将个人成长与发展融入国家建设的实践。培养方案应重点突出提升学生的专业素养，使其顺利适应毕业后的本职工作，并具备爱岗敬业、团结合作、不怕艰苦、勇攀科学高峰、有强烈的责任感和使命感、实事求是的优良作风。各专业在培养方案修订过程中，必须有明确的目标指向，这样才便于教师按目标组织课程思政教学实践。各专业在将课程思政建设要求融入培养方案时，切忌照搬照抄其他院校、其他专业的培养目标，而必须针对各自专业学生的思想素质状况及学习基础、特点，以及专业人才培养目的等，将知识传授、价值引导和能力培养融为一体，确定合理可行的培养目标。

在确定切实可行的培养目标的基础上，各专业还应在课程体系构建、课程内容设计、教学方式方法等方面进行调整。按照育人规律和学生思想形成发展规律，以及专业、课程性质与特点，将有关价值引领、精神塑造的要求融入课程体系，充分挖掘各门课程的思政教育资源，并在教学内容组织设计中进行系统化融入，确定科学、有效的教学路径与方法。

### 3. 强化师资队伍培训与学习

《高等学校课程思政建设指导纲要》中明确指出：“全面推进课程思政建设，教师是关键。要推动广大教师进一步强化育人意识，找准育人角度，提升育人能力，确保课程思政建设落地落实、见功见效。”教师的育人意识和育人能力直接关系着课程思政建设的成效。习近平总书记在北京师范大学师生代表座谈会上强调:“老师对学生的影响,离不开老师的学识和能力,更离不开老师为人处世、于国于民、于公于私所持的价值观。一个老师如果在是非、曲直、善恶、义利、得失等方面老出问题,怎么能担起立德树人的责任?广大教师必须率先垂范、以身作则,引导和帮助学生把握好人生方向。”而师资培训是增强教师育人意识和能力的重要路径。在培训工作中,高校应构建由人事处牵头,教师工作部和教务处、各个二级院系配合,与院系牵头、人事处、教务处配合的院系培训相结合的二级培训机制。校级师资培训与院级师资培训相互协调,将课程思政贯穿于教师岗前培训、在岗培训和师德师风与教学能力专题培训等多项培训工作中。

师资培训的核心目的和导向就是增强专业课教师的育人意识和育人能力,师资培训的主要内容包括两个方面:①引导教师自觉树立思政育人意识。通过各类培训帮助教师明确自身所肩负的育人职责,使其纠正侧重专业知识传授与专业技能培养的认识误区,将价值塑造纳入课程教学目标,并与前两者融为一体。要引导专业课教师认识到课程育人的重要性、必要性,在专业课教学中有意识、有目的、有计划地引导学生树立正确的价值观念。在各类培训中要帮助专业课教师形成如下认识:一是不断深化其专业知识,加强思想政治修养,深刻理解、挖掘其专业研究与专业课教学中所蕴含的使命和精神。二是要将专业知识传授与价值引领相融合,注重育人效果,避免将思政内容简单化、机械化地“植入”专业课程教学之中。三是正确理解“全过程育人”这一目标。全过程育人并非指每节专业课都要开展思政教育,而是指在整个教育教学环节之中,即教学目的、目标、内容、方法、效果中纳入思政元素。四是加强教学团队合作。在专业性人才培养过程中,不同专业课必然有着相关性,这必然导致具体教学内容的交叉性,这就要求专业课教师强化团队合作，在思政资源挖掘和选取过程中相互协调，避免使面对“课程群”的学生不断接受重复性的思政内容。五是长期不懈地坚持建设。课程思政建设难以“毕其功于一役”，需要教师坚持不懈地挖掘和融入新的思政元素和内容。②提升教师思政育人能力。专业课教师的思政育人能力从根本上决定了课程思政是否能够在真正意义上帮助学生树立正确的价值观、助力学生成长发展。在各类培训中，要帮助专业课教师着重提升以下几种思政育人能力：一是提升研究学生的能力。专业课教师要重点了解学生的兴趣、爱好、需求、期待和话语体系，这是开展课程思政建设的逻辑起点。二是增强课程开发的能力。专业课教师要提升将思政元素与内容有机融入专业课程教学的能力。三是提升课程思政教学管理能力。在专业课教学中，教师应不断提升思政内容的融合度，使学生在“不知不觉”的状态下接受思想上的引领。四是加强课程思政评价和反思能力。课程思政难以通过具体量化的方式来测评教学成效，所以在评价方面，教师应着重评价学生的情感、态度、价值观的转变以及行为表现。同时，教师还应时常反思思政元素与专业知识的融合效果，以及对学生的影响力。

## 四、形成科学合理的教师考核评价机制

科学、合理的考核评价机制能够及时反馈专业课教师在课程思政建设和教学实践中的成效，激励教师进一步加强高校课程思政建设创新，不断增强思政育人意识和育人能力。《高等学校课程思政建设指导纲要》中强调，建立健全多维度的课程思政建设成效考核评价体系和监督检查机制，在各类考核评估评价工作和深化高校教育教学思政建设中落细、落实。充分发挥各级各类教学指导委员会、学科评议组、专业学位教育指导委员会、行业职业教育教学指导委员会等专家组织的作用，研究制

定科学多元的课程思政评价标准。把课程思政建设成效作为“双一流”建设监测与成效评价、学科评估、本科教学评估、一流专业和一流课程建设、专业认证、“双高计划”评价、高校或院系教学绩效考核等的重要内容。把教师参与课程思政建设情况和教学效果作为教师考核评价、岗位聘用、评优奖励、选拔培训的重要内容。在教学成果奖、教材奖等各类成果的表彰奖励工作中，突出课程思政要求，加大对课程思政建设优秀成果的支持力度。当前，不少高校已经着手将课程思政纳入教师考核评价机制。例如，浙江省将学校课程思政教学情况纳入本科教育和高职教育述职评议范围，把课程思政教学成效作为本科教学分类评价的重要内容，并在教学成果奖、教材奖、教学名师、一流课程等各类教学成果的评比表彰中突出课程思政权重，探索完善“学评教”机制，把课程思政的成效纳入教师评价体系。

#### 1. 将教师参与课程思政建设情况和教学效果纳入评奖评优、职称评聘标准

以往，高校对专业课教师的职称晋升等，侧重于对专业教学工作量、专业知识和技能传授方面的考察，而相对轻视、忽视乃至无视其在育人方面的工作。基于此，在推进课程思政建设工作落实的过程中，学校有必要关注对教师在“育人”方面的考评，进一步丰富和完善专业课教师的考核评价标准，将教师参与课程思政建设情况和教学效果纳入考评指标，以此不断驱动教师在引导和培养学生价值观、精神塑造方面多下功夫、多出成效。

第一，着重考察、考核专业课教师参与课程思政建设方面的“行动”。教师积极参与课程思政培训学习、教学大纲修订、教学内容中的思政资源挖掘、教学方法创新等活动，是其推进课程思政提质增效的前提和基础，如果没有在这些方面的时间、精力投入，那课程思政建设便

无从谈起。因此，学校在制定专业课教师职务职称晋升标准时，应将其参与课程思政建设所做的工作和努力作为职务职称晋升的必备条件，纳入考评体系。在具体实践中，要着重考察教师在学生研究、课程开发、教材开发、课程思政教学管理、课程思政教学研讨、教学团队合作、课程考评等方面所做的努力。

第二，注重考评专业课教师的课程思政育人“效果”。以往，高校在制定考核评价标准时，往往侧重于学历、论文、“帽子”、项目或课题等方面，而忽视对课程思政建设成效的考量，在未来各类评选工作中，应将课程思政建设作为重要的考核要求和标准。这就要求高校在关注专业课教师推进课程思政建设的“行为”“行动”的同时，侧重于对其课程思政教学实践成效的评价，从而驱动教师通过多种努力将立德树人落到实处，在真正意义上助力学生成长发展，培养更多更优秀的社会主义合格建设者和可靠接班人。这就要求对教师的课程思政建设和教学实效进行测评，了解其对于学生价值观引导、精神塑造方面的作用，考核其课程思政教学创新是否符合学生成长发展规律、教书育人规律、思想工作规律，是否围绕专业培养目标服务、服从服务于学校人才培养目标的育人要求，是否与思想政治理论课相协调，是否实现课内外、校内外教育资源整合与协同，是否存在专业课“思政课化”的问题等。

### 2. 将课程思政建设成效纳入专业课教师教学和科研成果认定制度

高校应合理运用教师课程思政教学质量评价结果，在教师专业技术职务评聘和各级各类评奖评优标准中提高课程思政教学和课程思政建设研究成果占比，并将评价结果与教师的绩效考核和津贴分配等挂钩，引导和鼓励专业课教师投入更多时间和精力开展课程思政研究与教学。

不仅如此，高校还可以将课程思政教学质量纳入教学成果奖等评价体系，即学校在关注人才培养模式创新、教学方式方法、教材编写修订等在教学成果奖等各类评奖评优中的比重的同时，将课程思政建设成效和优秀课程思政建设成果作为重要考核标准纳入评价体系。专业课教师在思想素质、政治素质、师德师风等方面存在突出问题的，在专业技术职务（职称）评聘中实行“一票否决”。

### 3. 健全专业课教师评奖评优、专业技术评价机制

《高等学校课程思政建设指导纲要》指出：“要把教师参与课程思政建设情况和教学效果作为教师考核评价、岗位聘用、评优奖励、选拔培训的重要内容。在教学成果奖、教材奖等各类成果的表彰奖励工作中，突出课程思政要求，加大对课程思政建设优秀成果的支持力度。”

高校应当健全专业课教师专业技术职务评价机制，建立以同行专家评价为主的教师工作部、教务管理部门相关负责同志参与的评价机制，考察专业课教师在课程思政建设中所做的工作及其教学成效。人事部门应制定专业课教师专业技术职务（职称）管理办法，适当缓解教师“非升即走”的压力，营造潜心育人、扎实科研的良好氛围。当前，不少高校制定了意在驱动教师积极进取、不断出好成果的“非升即走”政策，这使得不少青年教师迫于“生计”对标对表，甚至急功近利地从事教学、科研工作，这在很大程度上导致教师难以在育人方面投入充分的时间、精力。基于此，高校应适当缓解教师“非升即走”的压力，引导教师潜心育人。

## 五、建立健全课程思政课堂教学质量监测反馈机制

监测反馈对于及时发现课程思政建设和教学中的问题与不足，进而通过沟通、协调或制定相应的对策提升课程思政建设成效具有重要价值。如南京大学注重评价激励，建立课程思政新标准。一是严格建设要

求。加强教学质量监控，开发课程思政建设对照表单。二是完善评估机制。探索课程思政的评价标准，构建“课程—院系—学校”三级评价标准体系，将课程思政建设质量、内容、成效等情况纳入院系教学绩效考核、年度考核指标体系；上海市将课程思政纳入高校党委落实意识形态主体责任的重要内容，纳入评价学校办学质量和学科建设评估体系、高校分类评价体系。制定《上海高校课程思政建设质量自查指标体系（试行）》，明确了课程思政建设规范化要求。

### 1. 将课程思政教学要求纳入课堂教学质量评价标准

以往对于专业课教师教学质量的评价往往侧重于知识传授和能力培养两个方面，而忽视了考察课程教学对学生价值引导和精神塑造方面的成效。课程思政建设及实施必然要求将价值塑造方面的内容纳入其中，且作为衡量课程思政教学成效的重要指征。课堂教学质量评价标准侧重以下几个方面。

第一，课程思政教学目标明确。课程思政课堂教学目标设置突破局限，将知识传授、价值塑造、能力培养三者融为一体，即将价值观引导融入知识传授和能力培养，帮助学生塑造正确的世界观、人生观、价值观。

第二，教学内容重点突出，思政元素融入自然、得当。教师应以“有虚有实、有棱有角、有情有义、有滋有味”为根本标准组织设计教学内容。专业课程教学中价值塑造方面，要着重考察是否紧紧围绕理想信念，爱党、爱国、爱社会主义、爱人民、爱集体，政治认同、家国情怀、科学精神、工匠精神、创新精神、团结协作精神、文化素养、宪法法治意识、道德修养等方面，重点优化课程思政内容供给，在专业知识传授中是否系统进行中国梦教育、社会主义核心价值观教育、法治教育、劳动教育、心理健康教育、中华优秀传统文化教育。在此基础上，还应考察课堂教学内容中所蕴含的思政教育资源是否得到充分挖掘，思政教育元素与专业课程知识传授及技能培养契合得是否恰当、贴切。

第三，教学方法得当、灵活多样。教学板书设计条理清楚、重点突出、整洁简练、富有创意。在教学实践中，教师应综合运用案例法、故事法、情境再现法、角色扮演法等方法将师生的生活体验、日常情境和社会热点问题融入课堂内容的编制，善于运用故事教学法增强课程讲授的叙事效果与情感效应。以故事引入问题，以问题导入课程，使得讲授过程故事化、情节化，达到循循善诱、引人入胜的效果。同时，教师还应积极运用问题讨论法增进师生、生生互动，引导学生发现问题、分析问题。阿伦特认为："没有语言的伴随，行动不仅会失去其展现的特征，而且也会失去其理由。没有言语的行动不再是行动，因为这里不再有行动者；而行动者只有在他同时也是说话者时，他才能成为行动者。"[①]言说、讨论等方法能够让学生从不同视角认识问题、思考问题、解决问题。此外，教师还要积极回应当代网络影像时代的新趋势，善于运用信息技术将丰富的影像资料、网络语言和时尚素材形象化，有效增强课程教学的感染力，提升整体教学效果。

### 2. 构建课堂教学会诊制度

课堂教学会诊制度对于强化教师课程思政教学基本功、形成富有个性的教学风格具有重要价值，因此不少高校都建立了教学督导制度，一般由教务处牵头，富有教学经验的教学名师、老教师组成教学督导组，通过随堂听课且课后反馈的方式帮助教师提高课程思政教学质量。本书认为，应在教学督导制度的基础上，构建课堂教学会诊制度。

第一，形成以学生课程思政学习获得感为评价导向，围绕学生学习

① 汉娜·阿伦特 . 人的境况［M］. 王寅丽，译 . 上海：上海人民出版社，2009：181.

成效展开的评教机制。推进课程思政建设和实施的主体多元、形式多样、过程复杂，难以以标准化或量化的方式进行评价。这方面评教的主要手段包括以下几个：一是个性化评价。在评价结果上可以通过检测学生对于专业课课程思政教学中价值观引导方面的认同度，实现量化评估的效果。二是过程性评价。可尝试现代信息技术，通过对学生参与专业课课程学习行为数据的挖掘和分析，以参与频度、参与质量等评价指标为基本参数，构成学生学习课程思政效果的基础数据，并通过逐步扩大指标范围，建立和完善智能化统计和识别的过程性评价机制。三是多元化评价。可逐渐引入新技术、新手段，整合、挖掘和分析学生参与课程思政学习过程中的相关评价主体，包括教师、学生本人等针对情感、态度、价值观、思维方法、行为方式等给出的全方位信息，构建一体化的课程思政学习成效多元评价信息系统。

第二，在学生评教的基础上构建五级教师评教会诊制度。建立校领导、院系领导、教学督导、教研室主任、教师五级教师教学会诊制度。高校党委书记、校长、分管教学的校领导，应积极开展听课活动，并与一线教师展开交流，及时了解和发现教师在课程思政教学中存在的问题，从而帮助其提升思政育人能力。不仅如此，校领导通过听课还能进一步了解和掌握课程思政建设政策的落实情况，发现相关的政策、制度中存在的偏差或漏洞，并予以调整。院系书记、院长、教研室主任要做到每人每学期对每门专业课听课全覆盖。教学督导要按照课程思政建设要求积极开展听课活动，并同任课教师及时交流。教师个人听课由教师本人随机安排，与其他教师互相学习，取长补短。听课评价标准主要包括：课程思政教学目标是否明确，所蕴含的思政内容是否得到充分挖掘，课程讲授中价值观引导是否与知识传授、能力培养融为一体，是否存在“强行”课程思政的情况，是否选择多种教学方法和手段，是否应用现代教育技术，学生的学习状态是否积极等。高校课程思政建设工作领导小组还应组织专家开展随机听课，整理并撰写全校课程思政教学满意度年度报告。各二级学院要每学期定期组织教学会诊交流会，由主管校领导、教学督导、专业课教师共同参与，针对教师在课程思政课堂教学中遇到的相关问题展开交流，提出解决策略，并有针对性地进行一对一帮扶，不断提升教师课程思政教学质量。

## 第四节　切实提高专业课教师的思想政治教育素养

邓小平指出："一个学校能不能为社会主义建设培养合格的人才，培养德智体全面发展、有社会主义觉悟的有文化的劳动者，关键在教师。"[①]专业课教师是实施课程思政的关键主体，是落实铸魂育人的重要力量，对学生成长发展具有深远影响。专业课教师应以政治强、情怀深、思维新、视野广、自律严、人格正为目标追求，切实提高自身思想政治教育素养。

### 一、培育课程思政意识和责任担当

列宁指出："人的意识不仅仅反映客观世界，而且创造客观世界。"[②]专业课教师关于课程思政的精准认知和责任担当是积极推进课程思政实践并取得良好成效的前提和基础。因此，专业课教师有必要形成正确的课程思政观和使命意识。

第一，准确把握课程思政的内涵和理念。专业课教师应认识到与思

---

① 中共中央文献编辑委员会.邓小平文选：第2卷［M］.北京：人民出版社，1994：108.

② 中共中央马克思恩格斯列宁斯大林著作编译局.列宁全集：第38卷［M］.北京：人民出版社，1965：228.

政课程不同的是，课程思政不是一门具体的课程，而是一种新的课程观，或者一种新的课程理念，是将价值塑造寓于知识传授和能力培养之中，实现课程的专业教育与价值引导的双重功能。课程思政的理念就是通过发挥专业课教学的隐性思想政治教育功能，以专业教学内容为载体，将思政育人目标贯穿于各门各类课程教学全过程，使课程回到育人本真，从而丰富高校思想政治教育资源，构建“大思政”课程体系，助力全员、全方位、全过程育人格局的形成。

第二，深化对课程思政的理解。在准确理解课程思政内涵和理念的基础上，专业课教师还应进一步深化对课程思政的理解。首先，课程思政不等同于课堂思政。课程思政实践绝不能仅仅局限于课堂这一场域，而要跨越课内外、校内外多个场域。换言之，教师一方面可以通过课程教学帮助学生树立正确的价值观，另一方面还可以采用社会化学习的方式，引导学生积极参与多种类型的社会实践活动，通过深入现实生活，将理论学习与实践学习结合起来，提升育人实效。其次，全过程育人不等同于每一节课都要开展课程思政教学。所谓全过程育人，并非指每节专业课都要开展思政教育，而是指在整个教育教学环节之中，即教学目的、目标、内容、方法、效果中将思政元素纳入。最后，课程思政不等同于“课程＋思政”。课程思政的本质是将专业知识传授与价值引领相融合，二者是合而为一的，因此教师应避免将思想政治教育元素简单化、机械化地“植入”专业课程教学，或在专业课课堂教学中浓墨重彩地大讲特讲思想政治教育内容。

第三，强化德育意识，自觉开展课程思政建设工作。囿于原先对高校思想政治工作的认知的局限，不少专业课教师将育人工作或德育工作的任务看作思政课程教师承担的职责，其开展思想政治教育的自觉性并不高。基于此，学校和学院有必要通过讲座、宣讲等多种方式加强对专业课教师的课程思政意识的培育，使他们明确自身所肩负的思想政治教育使命与职责，自觉地将马克思主义立场、观点和方法融入专业课教学，增加课程的深度、温度和厚度，实现教书与育人的统一。

## 二、强化思想政治理论素养和师德修养

专业课教师不仅要树立正确的课程思政观、明确自身使命担当，还应全面掌握、深刻理解思想政治理论的主要内容，唯有如此，才能有的放矢地系统梳理、挖掘课程的思想政治教育资源，并实现价值引领与知识传授的统一。此外，教师还应加强自身德性修养，提升人格品质，通过言传身教潜移默化地影响学生的世界观、价值观和人生观。

第一，提升思想政治理论素养。在课程思政建设过程中，专业课教师要有目的、有意识、有计划地将思想政治教育元素融入专业课教学，这就要求专业课教师加强对马克思主义基础理论、中国特色社会主义理论体系的学习，形成对思想政治理论的基本认识。专业课教师一方面可以积极自学，通过参与思政课程课堂学习、阅读相关书籍、观看慕课、与思政课教师交流等方式全面而深入地了解和掌握思想政治理论相关内容，丰富自身知识体系；另一方面可以积极参与由国家、学校或学院组织的各类培训学习活动，快速掌握思想政治理论最基本、最核心的内容，尤其是关于政治理论素养的内容。

第二，提高师德修养。教书育人的职业特性决定了教师必须是品德高尚的人，这样才能以德施教、以德立身，成为学生道德修养的镜子。因此在课程思政建设中，专业课教师应取法乎上、见贤思齐、反躬内求，不断加强自身道德修养和人格品质，把正确的道德观传授给学生。这就要求教师不断锤炼自身品德修养，忠诚于党和人民的教育事业，自觉做中国特色社会主义的坚定信仰者和忠实实践者，强化对中国特色社会主义的思想认同、理论认同、情感认同，不断增强道路自信、理论自

信、制度自信、文化自信，具备辨别、批判、抵制错误思潮的价值理性，做一个高尚的人、纯粹的人、脱离了低级趣味的人，积极引导学生热爱祖国、热爱人民、热爱中国共产党。同时，专业课教师还应拥有仁爱之心，具备爱护学生、尊重学生、理解学生、宽容学生的品质，在爱护、尊重、理解、宽容的基础上，才能深化和拓展课程思政建设，使学生充满自信、学会尊重他人。

## 三、提升课程思政教学能力

专业课教师的课程思政教学能力从根本上影响着课程思政建设成效。然而，在课程思政建设实践中，不少专业课教师仍面临不少困惑。本部分从实践角度出发，基于“全过程育人”视角，结合华北电力大学“分散控制系统”“民事诉讼法”“模拟电子技术基础实验”三门课程，就专业课教师课程思政实践路径与方法进行探讨。

### 1. 精准定位课程思政教学目的

教学目的是教学领域中为实现教育目的而提出的具有概括性、总体性的要求，从根本上影响着教学目标的设置、教学内容的组织设计、教学方法的选择，以及教学成效。因此，在课程思政教学实践中，专业课教师应精准定位课程的教学目的。

在教学目的设置过程中，专业课教师需要注意三个方面的问题：一是将知识传授、价值塑造、能力培养融为一体。2020 年教育部印发的《高等学校课程思政建设指导纲要》明确规定：“落实立德树人根本任务，必须将价值塑造、知识传授和能力培养三者融为一体、不可割裂。”这就要求教师在设置课程目的时不能仅仅局限于向学生传授专业知识、培养学生专业技能，而应将价值塑造这一目的与其他两个方面融为一体。二是根据不同课程性质、特点精准定位思政育人目的。人文社科类、理工类、医学类、实践类等不同类型课程的内容及其与思想政治教育的紧密度、侧重点各有不同，因此在设置教学目的，尤其是在价值塑造方面切不可千篇一律，而应从实际出发，准确定位课程在思政教育方面的目的。三是确保教学目的能够分解成具体教学目标。教学目的与教学目标既密切关联又彼此区别。教学目的决定教学目标，教学目标展现教学目的；教学目的是唯一的，教学目标是多样的。因此，专业课教学目的应具有统一性，且可以分解为多个教学目标。“分散控制系统”的教学目的是：通过对分散控制系统的概念、发展历史、结构和工作原理的讲授，帮助学生了解和掌握分散控制系统的相关知识，形成工业控制的能力和自动化专业系统观，并引导学生践行社会主义核心价值观，强化“家国情怀”和“自主创新”意识。“民事诉讼法”的教学目的是：结合本课程中环境公益诉讼的教学内容，使学生了解与环境公益诉讼有关的程序问题，培养学生综合分析法律问题的能力，使学生树立环保意识、提高社会责任感。“模拟电子技术基础实验”的教学目的是：通过模拟电子技术基础实验教学，帮助学生提升对模拟电子电路与系统的实验研究能力，学会正确使用常用的电子仪器，初步掌握模拟电子电路与系统的测试技术，以及计算机辅助分析和设计方法，提高学生独立分析问题和解决问题的能力，建立严谨、踏实、科学的工作作风，引导学生形成科学精神、工匠精神，增强对社会主义核心价值观的认同感与践行力。

#### 2. 设置课程思政教学目标

教学目标是教学目的的具体化，是指教学活动期待学生实现的学习成果，直接影响着课程教学活动的方向和成效。因此，专业课教师在课程思政教学目标设置过程中，应从课程教学目的出发，根据不同课程性质、特点设置相应的教学目标。《高等学校课程思政建设指导纲要》对于公共基础课程、专业教育课程、实践教育课程的建设目标和目标设置侧重点均作出了明确要求。就公共基础课程而言，其建设目标是“提高大学生思想道德修养、人文素质、科学精神、宪法法治意识、国家安全意识和认知能力”，目标设置侧重点是“坚定学生理想信念、厚植爱国主义情怀、加强品德修养、增长知识见识、培养奋斗精神、提升学生综合素质”。就专业基础课程而言，其建设目标是“从课程所涉专业、行业、国家、国际、文化、历史等角度，增加课程的知识性、人文性，提升引领性、时代性和开放性”，在目标设置侧重上应“根据不同学科专业的特色和优势，深入研究不同专业的育人目标，深度挖掘提炼专业知识体系中所蕴含的思想价值和精神内涵，科学合理拓展专业课程的广度、深度和温度”。不仅如此，《高等学校课程思政建设指导纲要》还就文学、历史学、哲学类课程，经济学、管理学、法学类课程，理学、工学类课程，艺术学类课程，医学类课程等的教学目标进行明确规定。就实践教育课程而言，《高等学校课程思政建设指导纲要》进行细分，对专业实验实践课程、创新创业教育课程、社会实践类课程的教学目标设置侧重点分别作出了规定。“分散控制系统”的课程思政教学目标分为两类：一是基本目标，即贯彻习近平总书记在全国高校思想政治工作会议上的讲话精神，突出“自动化专业课程思政建设思路”中的思政元素。二是具体目标，主要包括精神激励、价值观引导、情怀培养三个方面。精神激励目标是激励学生自觉融入实现中华民族伟大复兴的进程；价值观引导目标是在教与学的过程中鼓励学生积极践行社会主义核心价值观；情怀培养目标是培养学生的“家国情怀”和“自主创新”精神，树立学生的自动化专业系统观。“民事诉讼法”课程思政总体教学目标是：了解我国生态文明建设是基于资源紧张、环境污染、生态系统退化的国情而制定的发展战略。培养合格的生态文明公民是总体素质目标，学生要做能自觉按照事物发展规律处理人与生态关系的公民。具体目标分为两类：一是知识技能素质目标，即在知识技能层面了解水、大气等生态环境的基本规律，对生态环境侵权常见行为有一定了解，具备复合知识素养，从而面临环境侵权案件能够识别、分析、判断、选择并积极地探索解决方案，以生态思维方式作出裁判。二是意识培养目标，即在意识层面，树立可持续发展意识，从身边小事做起，培养保护环境、节约资源的习惯，为国家的可持续发展做贡献。“模拟电子技术基础实验”课程的目标主要包括三项：以课程为基石培养科学精神、以创新为桥梁锻造工匠精神、以案例为载体厚植核心价值。

### 3. 增强课程思政教学内容的现实针对性与契合性

《高等学校课程思政建设指导纲要》明确规定：“课程思政建设内容要紧紧围绕坚定学生理想信念，以爱党、爱国、爱社会主义、爱人民、爱集体为主线，围绕政治认同、家国情怀、文化素养、宪法法治意识、道德修养等重点优化课程思政内容供给，系统进行中国特色社会主义和中国梦教育、社会主义核心价值观教育、法治教育、劳动教育、心理健康教育、中华优秀传统文化教育。”这为专业课教师在课程思政建设的内容挖掘方面指明了方向。同时，《高等学校课程思政建设指导纲要》也明确要求按照不同学科、不同专业、不同课程的性质有所侧重地挖掘并有机融入相对应的内容，阐明了人文社科、工科、理工、农学、医学等领域课程的思想政治教育内容侧重点。如人文社会科学类课程，重在帮助学生学习运用马克思主义世界观方法论，深刻理解社会主义核心价值观，继承和弘扬中华优秀传统文化、革命文化、社会主义先进文化。理学、工学类课程，重在帮助学生具备马克思主义立场观点、科学精神，进行科学思维方法的训练和科学伦理的教育，并培养学生的家国情怀和使命担当。

在课程思政建设中，专业课教师在深入挖掘上述思政内容的同时，还可以从价值观和思维方式两个角度入手梳理课程所蕴含的思政内容。一是就价值观而言，主要包括人生观、理想信念、中国精神、社会主义核心价值观、道德与法治意识。二是就思维方式而言，主要包括唯物辩证法三大规律，即对立统一、量变质变、否定之否定规律；辩证思维方法，即归纳与演绎、分析与综合、抽象与具体；辩证、历史、战略、底线、创新思维能力；辩证唯物主义认识论，即认识与实践的关系。在“分散控制系统”课程中，任课教师对每章节授课要点中所蕴藏的思政内容进行系统梳理。1~4 学时“概论”部分——工业控制系统的发展史、分散控制系统的发展史中的思政内容主要有：培养学生的民族自豪感和家国情怀；使学生从国有企业和老一辈控制领域专家的奋斗精神中得到激励和鼓舞，引导学生自觉树立“学好本领，服务国家”的意识。7~16 学时“分散控制系统的控制级”部分、“分散控制系统的监控级”部分——过程控制站的基本结构、过程控制站的硬件和软件系统、运行员站、工程师站中的思政内容包括：激发学生的民族自豪感，培养学生的家国情怀；激励学生的自主创新精神；以“认清差距，激发动力”为补充，实现组合式的课程思政教育。在“民事诉讼法”课程中，任课教师就不同章节中的思政内容进行细分，如在引导学生了解民事公益诉讼的前提、准确认识什么是“公益”，及其与“私益”的不同时，侧重于引导学生形成维护社会公共利益的理念，使学生理解个人与国家、社会的关系；在探讨“公民个人是否能够提起公益诉讼，公民是否有责任提供相关线索来源”时，侧重于增强公民的责任担当，提升学生主体意识；在通过对真实案例的分析把握案件争议焦点时，重点引导学生形成逻辑辩证思维能力；在分析“环境公益诉讼案例”中责任承担的方式，尤其是环境修复的巨额花费时，着力引导学生尊重自然并树立生态文明的理念。在“模拟电子技术基础实验”课程中，任课教师对思政内容融入课程的安排是：在“电路功能是否合理”部分，侧重于引导学生形成批判与怀疑的精神；在“实现方案是否唯一”部分，重点引导学生形成勇于探索与实践的精神；在“电路功能能否拓展部分”，着力引导学生形成改革创新精神和创新能力；在独立完成任务或团队合作中，引导学生形成平权和团队精神。

#### 4. 创新课程思政教学路径方法

教育路径和方法的多样化对提高课程思政的实效性至关重要。那么，专业课教师应采用哪些教学路径和方法呢？或许我们可以从对专业课教师在课程思政教学中存在的问题的调研中获得一些启发。在“学生认为专业课教师开展课程思政教学存在的问题”的考察中，学生认为专业课教师在课程思政教学中存在的问题主要体现在“专业课教学时间、教师精力有限”“课堂互动不充分，学生积极性不高”“课程实践较少，难以转化为自身的态度和行动”“教学内容枯燥无味，形式过于单一”“教师自身思政知识储备不足，思政元素融入生硬”几个方面。具体情况如图 4–3 所示。

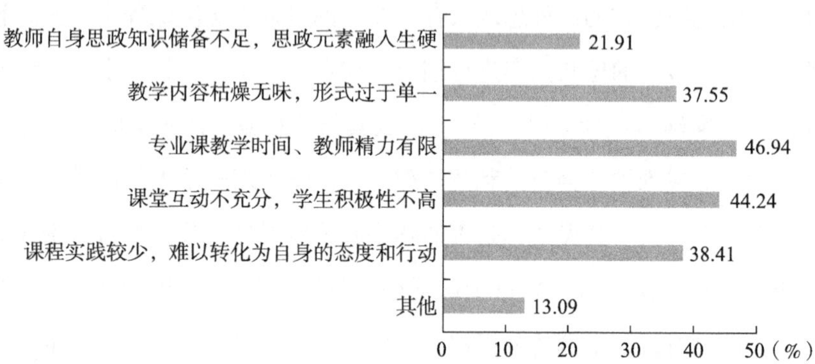


图 4–3　学生认为专业课教师课程思政教学中存在的问题

鉴于此，未来，在课程思政教学中，专业课教师有必要不断丰富课程思政教学方法。在教学方法的选用上，教师要根据授课的任务、教材内容的特点、学生的年龄特征，尽可能多地了解相关教学方法，并在比较多种可供选择的教学方法的前提下择优。在具体实践中，教师在选择教学方法时应注意各种教学方法的有机配合，坚持以启发教学为指导思想，综合考察所传授的是某类新知识，还是技能、技艺；是事实性知识，还是理论性知识；是科学性知识，还是艺术性知识；学生处于低学龄阶段还是高学龄阶段，其知识储备和心理准备如何。在此基础上，灵活运用多种方法开展课程思政教学工作。尽管如此，针对不同性质、特点的专业课，教师可以综合选用以下具有普适性的教学方法。

第一，综合运用案例法、故事法等促使教学内容生活化。由于课程思政教学中的思想政治教育部分内容涉及国家前途命运、人类社会发展规律、人生价值等宏大命题，与现实生活和学生思想实际有一定距离，很容易导致学生学习兴趣不大，因此在课程思政教学活动中，教师要着重思考如何将教学内容生活化，以便于学生思考和理解，继而形成正确的价值倾向。在教学实践中，专业课教师可以综合运用案例法、故事法、情境再现法等方法将师生的生活体验、日常情境或社会热点问题融入课堂教学内容的编制，运用故事教学法增强课程讲授的叙事效果与情感效应。以故事引入问题，以问题导入课程，使得讲授过程故事化、情节化。这些方法是教师常用的方法，这里不过多展开讨论。但需要注意的是，在将生活体验、日常情境融入课堂时，教师一定要坚持“底线思维”，把握好教学生活化的“度”，避免出现“庸俗化”、过度娱乐化。这是因为“寓教于乐”重在“教”，而不可本末倒置、使教学变成纯粹的娱乐性活动，致使学生注意力偏移，无法真正领会课程思政教学所传递的知识与价值观。在“分散控制系统”课程教学中，任课教师综合运用课堂教学与实践教学相结合的路径和讲授法、实践法、任务驱动法等方式，对学生进行价值观塑造和思维能力培养。在“民事诉讼法”课程教学中，任课教师采用慕课与课堂教学相结合的翻转式教学路径，通过讲授法、案例法、讨论法等引导学生树立生态文明观念。在“模拟电子技术基础实验”课程中，任课教师侧重于采用实践的方式开展课程思政教学。

第二，尊重沉默，鼓励对话与讨论，强化课堂互动。查尔斯·古德温和玛乔丽·哈尼斯·古德温认为：“参与在本质上是一种情境化的、多方协作的产物。”具体到课堂教学中，教师往往采用交谈或对话的方式将学生的注意力集中到某一个问题上，并引发学生的思考。但事实上，在课堂交谈或对话中，说话者的话语总是与一定的听众相联系，说话者所表达出来的语言时常受到听众影响，且说话者与听众角色处于持续转化状态。因此，在强化思政课教学的课堂互动过程中，教师一方面应尊重沉默，将课堂沉默重构为一种课堂互动的产物；另一方面应鼓励学生积极参与对话与讨论。首先，将沉默作为一种课堂参与形式，尊重学生的沉默。课堂互动的形式多样，这是因为课堂参与结构实际上是“指导个人通过言说或沉默的方式在课堂互动中作出贡献的各种权利与责任……参与结构包括各种口头的、非口头的互动，各种听觉的、文本的以及绘画方式的内容”①。通常情况下，课堂互动是通过语言表达来实现的，但“仅仅关注发言，把发言作为成功参与课堂的依据，掩盖了学生可能通过沉默来展现的其他多种参与方式”②。事实上，通过沉默，一些观念的传播更为有效、更为有力，通过沉默，学生能够进入深度思考状态并将特定信息内化于自身的认知结构之中，继而整合成为自身思想政治修养的一部分。不仅如此，民主的课堂强调包容，强调课堂互动

① 凯瑟琳·舒尔茨.课堂参与：沉默与喧哗［M］.丁道勇，译.上海：华东师范大学出版社，2019：14.

② 凯瑟琳·舒尔茨.课堂参与：沉默与喧哗［M］.丁道勇，译.上海：华东师范大学出版社，2019：6.

方式的多样性及其协商过程。因此，在思政课教学工作中，教师不仅应关注学生的言语表达，也应关注学生的沉默并将其作为一种课堂互动和课堂参与的形式。其次，鼓励学生通过对话与讨论的形式积极参与课堂互动。从学生角度来看，“学习者不仅与教育内容（对象）相遇、对话，与教室内外的他人相遇、对话，也不断地与自身相遇、对话。课堂中的学习者通过这种参与，既证明自身的存在，也表明自我的态度。反之，被剥夺了参与课堂学习机会的学习者将丧失证明自己存在的机会，面临迷失自我的危机”①。基于此，专业课教师应积极采用对话与讨论的教学方法开展课程思政教学实践。这样一方面能够帮助学生通过反思增强辩证思维能力，形成积极的、正确的价值取向，学会理解、包容和妥协；另一方面能够进一步激发学生的主体性、积极性，增强其学习获得感。这就要求专业课教师在课程思政教学实践中广泛开展对话与讨论，营造民主、开放的课堂氛围。就对话而言，它主要是指教师与学生的交流。平等互动和交流是弥合不同个体和群体之间距离的最佳方式，唯有通过对话，才能启迪智慧、达成价值方面的共识。在课程思政教学实践中，是居高临下地将相应的价值观传输给学生，还是与学生平等交流、展开对话、认真聆听学生的思想？这两者的引力和效果是不言自明的。对话不同于自上而下的灌输方式，它是一种平等、开放、自由、民主、协调、富有情趣，并能产生新思想的人与人的交流。因此，在课程思政教学实践中，专业课教师要改变居高临下的说教口吻和单向灌输的叙述方式，以促进学生全面发展为目标，尊重学生的主体性，努力激发他们参与对话的积极性，自觉地将自己放在与学生平等的地位，真心地、平和地与学生就相关价值问题等进行沟通和讨论，及时了解学生的思想状况及其思考价值问题的能力，并针对学生的实际思想情况进行教学设

① 佐藤学．教育方法学［M］．于莉莉，译．北京：教育科学出版社，2016：84.

计，从而帮助学生修正自身的价值认识、提高价值理性，通过专业课教学确立正确的价值观。就讨论而言，它主要是指学生在教师的引导下进行的学生与学生的交流，是学生群体内部的一种沟通方式。课堂讨论历来为欧美国家所重视，20 世纪 60 年代，美国学者提出的价值澄清法、公正团体法，无不涉及学生就某个问题所展开的讨论。讨论之于课堂开放、民主氛围的形成，学生思维能力的提高和参与意识的增强起着积极作用。教师在学生讨论过程中，应保持宽容的态度，正如布莱迪所言："在价值观教育中，教师应保持宽容的态度，营造轻松自由的课堂氛围，以便于学生自由表达。"①那么，讨论的主题有哪些？本书认为，专业课中有关价值观方面的问题是开展学生讨论的最佳切入点。由于这些问题容易引起学生的强烈关注，对于学生思想观念的形成和发展具有重要影响，加之当代大学生接触信息范围广，对各种社会热点问题非常敏感，因此在课程思政教学实践过程中，专业课教师可以引入对相应价值问题的讨论，不仅能够增强教学的现实针对性、趣味性，而且能够在很大程度上激发学生学习的积极性和主动性，促使学生深入理解和领会所学的专业知识中的价值问题，提升学生分析现实问题的能力，进而帮助他们树立正确的价值观。价值问题选择应遵循两个原则：一是两难性，即有两种可能的选择，无论哪一种选择，都有利有弊，让学生处于进退维谷的困境，从而增加他们思考问题的深度和广度，增强他们解决问题的能力，最终使他们在教师的引导下树立正确的价值取向。二是契合性，即所选取的价值问题必须与专业课教学内容相契合，抓准价值问题与教学内容的结合点，服务于教学任务和目标。就组织讨论的方式方法而言，教师可按照一定的标准，如年级、专业等，将学生进行分组，并提供具

① Laurie B.Teacher Values and Relationship：Factors in Values Education［J］. Australian Journal of Teacher Education，2011，36（2）：59.

体的讨论主题，之后各小组就具体价值问题进行讨论。随后各小组将本小组形成的观点向全体同学汇报，在此过程中，各小组之间的观点可形成交锋。最后，教师就学生所思所想进行总结评论，以起到引导学生思考的作用。

第三，灵活运用研究性教学方法促进自教与他教的统一。专业课教师所开展的课程思政教学实践活动，最终要经由学生的自我教育才能从根本上促进其价值观形成和发展。课堂教学中以讲授为主的教学方式具有一定的局限性，主要体现在两个方面：一是尽管课堂讲授的方式能够引导学生了解一定的价值观，但并不能有效帮助他们形成价值理性，并拥有参与社会公共生活的意识和能力。二是课堂讲授这一教学方式具有预成性，即讲授、讨论等活动往往围绕教材既定结论，其最终目的是引导学生深刻理解和掌握教材知识，因此其教学效果是能够预见的。在这一过程中，教师在一定程度上能够考虑到学生的接受、理解能力，但学生仍处于被动接受知识的地位。在现实生活中，课程思政教学中所采用的不少教学方法有时候只是呈现外在的活跃，难以真正激发学生的学习兴趣，同时不少启发式、提问式教学方法也面临学生不能积极回答或答案没有价值的尴尬境遇。基于此，课程思政教学应大力采用教师指导和学生主导相结合的研究性教学活动。

所谓研究性教学，是指教师指导学生从学科领域和社会生活中选择和确定研究主题，运用类似科学研究的方式，主动地获取知识、应用知识、解决问题的教学活动。[①] 实际上，研究性学习是学生通过自己的观察和思考获取、领悟知识，进而形成价值理性和行为实践能力的重要方式，它具有开放性、创造性和建构性特征。相对于中小学生而言，大学生已拥有一定的知识储备、理解能力和行为能力，且当今大学生具有更

① 张立昌，郝文武．教学哲学［M］．北京：中国社会科学出版社，2009：139.

为强烈的自主意识，因此专业课教师可以运用研究性教学这一方式指导学生就某些关涉价值导向、精神塑造、思维能力培育的专业课问题开展研究性学习，帮助他们学会搜集、编制信息，获得相关知识；学会运用知识从不同角度和侧面分析和思考个体、国家、社会发展中出现的矛盾与问题；强化主动关心国际国内社会形势、关注国家前途和命运的意识，养成实事求是的科学态度、敢于质疑的批判精神，以及独立思考、勇于打破传统的创新精神；形成参与国家和社会公共生活的行为能力。那么，如何运用研究性教学活动开展思想政治理论课教学呢？

研究性教学活动的程序包括：①围绕专业课内容确定研究主题，即提出、确定与专业课有关的主题。这些研究主题不仅需要与专业课内容、学生现实生活中的困惑、所处的社会、学生自身成长问题密切相关，而且要适合学生当前阶段的学习和探索，并具有一定的开放性（即问题的答案具有一定的不确定性，能够激发学生从多个维度进行思考）。反之，研究主题可能无法引发学生的研究兴趣和思考。例如，在当今电力发展过程中，是否可以大力发展核电产业？当前我国新能源技术发展取得的成就与存在的短板是什么？这样的研究主题，都有利于学生独立思考。②帮助学生制定研究计划，包括研究思路、步骤和方法等。多数大学生并没有开展过专业课相关内容的研究性学习，因此教师需要指导他们深入思考和讨论研究思路、研究时间安排，以及确定需要采用的具体研究方法（如文献研究法、调查研究法等），从而使他们顺利开展研究工作。③指导学生开展研究活动。在学生启动研究性活动后，教师仍需要密切关注其具体进展，及时帮助其修正不当之处。④辅助学生总结研究成果。在一系列研究活动的基础上，教师要辅助学生总结研究成果，明确其研究结论。研究性教学方式大体可以分为个体化研究和小组合作式研究两种。个体化研究是教师引导每个学生就某些思想政治理论课问题进行讨论。小组合作式研究是将学生分为学习小组，通过小组同学的合作，就某个问题展开广泛交流沟通，从而助力学生的知识建构、态度和价值观形成以及行为能力提升。

第四，充分运用多种实践法强化理论与实际的统一。马克思历来重视实践对提升人的思想觉悟的重要性。他强调："问题并不在于实现某种空想的体系，而在于要自觉地参加我们眼前发生的革命地改造社会的历史过程。"[①] 毛泽东也非常重视实践对于人的认识的重要性。他指出："通过实践而发现真理，又通过实践而证实真理和发展真理。从感性认识而能动地发展到理性认识，又从理性认识而能动地指导革命实践，改造主观世界和客观世界。"[②] 实践活动对价值观的形成具有最终的决定性作用，是价值认同和价值理性不断强化的根本路径。学生只有通过参与实践活动，真正置身于现实生活之中，才能深刻理解并增强评判能力，形成自己的价值观和思维能力。

在课程思政教学中，专业教师要引导和鼓励学生以言说和行动的方式积极参与现实生活，在社会交往中增强对国家主导价值观的认识、理解、认同与内化。通过言说和行动，学生才能真实地参与实践生活，才能在社会交往过程中传递思想，感受公共生活运行的规范和所蕴含的价值导向。在交往过程中，个体之间、群体之间、个体与群体之间的思想、价值观等不断交流，一定的思维方式和价值观念自觉或不自觉地进行着传递。同时，个体将对他人的了解作为自身的参照和借鉴，或根据他人的反馈和评价调节自己的思想认识、价值观念和行为方式。

按照实践的性质，可以将其分为专业课实践、社会实践和创新创业实践三类，专业课教师可以按照课程性质组织相应的实践活动。①专业

---

① 中共中央马克思恩格斯列宁斯大林著作编译局.马克思恩格斯全集：第14卷［M］.北京：人民出版社，1964：464-465.

② 毛泽东.毛泽东选集：第1卷［M］.北京：人民出版社，1991：296.

课实践。专业课实践活动在提升学生专业技能的同时，也能促进学生形成学思结合、知行统一的习惯，形成创新精神，提升解决问题的实践能力和团队协作的能力。因此，专业课教师可以根据课程需要，组织学生通过开展专业课实践增强专业课中的思想政治教育成效。②社会实践。社会实践是指个体走进社会，并与他人积极互动的过程，其意义主要体现在能够使学生在与其他社会群体，尤其是弱势群体的互动、交流中，更加明确自身的社会责任感、使命感，增强爱国意识、法治意识等，形成对富强、民主、文明、和谐、自由、平等、公正、法治、爱国的切实思考、判断和理解，逐渐学会沟通、尊重、理解、包容、友善，获得诸如表达能力、交往能力、政治价值评判能力、选择能力和协商能力等政治生活参与能力，并在与他人的交往中学会思考、评判、协商、合作等公共生活的基本技能，进而获得参与政治生活和集体活动的能力。专业课教师可以组织大学生开展的社会实践形式包括扶贫开发、社区建设、环境保护等，通过这些活动帮助学生形成劳动精神、了解国情民情、增长智慧才干、锤炼意志品质。需要注意的是，教师应加强对社会实践活动的引导。在学生参与社会实践活动的过程中，“教师应鼓励学生在忠于情感的基础上负有责任地判断是非、更新思想观点、选择价值取向并自主行动。因为只有在审慎地思考和对选择的结果倍加珍视的基础上，实践主体才会言行一致并始终对自己的行动负责”[①]。③创新创业实践。创新创业实践活动的意义不仅局限于获得“外在事功”方面的成绩，而且对于学生创新精神、创造意识和创业能力培养大有裨益。专业课教师在指导学生开展专业课实践、社会实践活动的同时，也可以积极投身大学生创新创业实践的指导工作中，帮助学生形成敢于挑战、不怕失败、勇敢追求自我价值实现的精神。

---

① 易莉．西方德育“价值澄清法”之借鉴［J］．思想教育研究，2004（3）：8.

第五，积极运用现代图像技术手段促进教学内容形象化。在信息化时代，“电脑空间所带来的‘社会’不仅使生活方式发生了改变，同时也使人的感性及思维发生了巨大变化。二进制‘数位’信号所置换的信息空间、记号式的逻辑思维优于模糊的感性经验的想法蔓延，以超文本为代表的非线性联想思考空间打破了每一个单一文本的独特性，使所有文本纵横联结，形成了超文脉的思考态度。此外，在多媒体构建的‘假想世界’中衍生了假想世界的‘真实’感受及多重感性认知和表现的新感性”①。在互联网时代背景下，面对作为“数字原生代”的大学生，专业课教师应积极运用现代信息技术开展课程思政教学活动。对此，《高等学校课程思政建设指导纲要》强调：“要创新课堂教学模式，推进现代信息技术在课程思政教学中的应用，激发学生学习兴趣，引导学生深入思考。”这就要求专业课教师积极回应当代网络影像时代的新趋势，善于运用信息技术将丰富的影像资料、网络语言和时尚素材形象化，有效增强课程教学的感染力，提升整体教学效果。首先，教师突破认知偏见，积极主动迎接大学生的图像化表达趋势，自觉采用现代化信息技术开展课程思政教学活动。作为课程思政教学活动的主导者，不能轻视、漠视乃至无视伴随互联网信息技术应运而生的图像对当代人尤其是青年大学生群体认知方式、表达方式的深刻影响，即人们越来越倾向于接受直接的、感性化的图片、视频等影像资料信息，而对语言文字这种间接性的信息传递方式的兴趣越发降低，因此，专业课教师要转变观念，不可墨守成规，要突破传统的由语言和文字所构成的信息传递方式，运用现代信息技术将抽象概念形象化、思辨理论生活化，有效增强课程思政教学内容的感染力，提升信息传递效率。其次，教师要提升识图能力，精准识别图像价值。积极运用现代图像技术手段开展课程思政教学，必

① 佐藤学.教育方法学［M］.于莉莉，译.北京：教育科学出版社，2016：183-184.

然要求教师具备较高的图像识别能力，准确把握图像内在价值与专业课教学内容的契合性。在教学实践中，教师要了解图片、视频等图像资料的表达方式、生成机制和传播方式，精准了解和识别图像的整体价值。这里需要注意的是，通过现代图像技术推进课程思政教学适度的形象化与感性化，绝不等同于排斥或摒弃理性思考。理性思考与感性素材之间是“道”与“术”的关系，通过专业课隐性思想政治教育功能传播、传递国家主导价值观，提升学生思维能力等是课程思政教学的根本目的，而感性素材只是优化理论内容传播方式的手段。在图像采集和运用过程中，专业课教师不能停滞于或局限于感性的图像表达，而一定要服从和适应专业课程所涉及的理论内容，通过活泼的图像技术将深刻的理论内容表现、表达出来，引导学生从感性认识上升为理性认识，进而形成对马克思主义理论、社会主义核心价值观等的信服、信仰。

#### 5. 实现教学成效反馈与评估的科学化、多样化

教学评估是高校课程思政教学实践过程的重要环节，对于衡量课程思政教学成效、总结教育经验、提升课程思政教学效果具有重要价值。教师要构建基于学生视角的课堂教学评价框架。课堂教学是课程思政教学实践的主渠道、主阵地，因此专业课教师在开展课程思政教学评价工作过程中，要注重对课堂教学的评价。那么，我们应从教师还是学生视角开展课程思政课堂教学评价呢？基于教师视角的课堂教学评价，其关注点主要是教师的课堂组织、教学内容的设计、教学方法和技巧的运用，但忽视了学生这一学习主体。在“以学生为本”思想的指导下，我们应建构基于学生视角的课程思政课堂教学评价框架，重点关注学生的学习状况、学习成效，关注教师是否做到以学定教、以学评教。一是考查学生课堂学习的参与度。课程思政教学的一个重要任务就是实施价值塑造，引导学生认识到专业课学习之于自身生存发展、国家与

社会进步的重要意义，明确其所肩负的使命与责任。学生在课堂中的学习状态能够直观展现其对课程思政教学内容和教学方式的理解、认同程度，以及课堂教学成效。因此，在课程思政教学成效评估中，专业课教师要时刻关注学生是否参与课堂学习、学习状态是否专注投入，观察学生能否在民主、自由的课堂学习氛围中质疑问难、积极勇敢表达自身想法与意见，重点考查学生是否具备相应的价值理性评判能力和敢于挑战知识边界的勇气。教师可以对师生互动、合作学习、独立练习、认真听讲、自主探究等学生学习状态进行记录。二是考察课程思政价值塑造教学目标的达成度。除学生课堂学习参与度外，学生表达自身观点和意见也是课程思政教学成效的直接反映。学生对其观点的阐述能够体现出其认识问题、理解问题的视角、立场、态度和能力，这是课程思政教学目标之价值塑造的核心任务。因此，专业课教师在课堂教学中一方面要关注学生通过言语的方式表达出来的对某一问题的认识，另一方面还应考查学生通过文字方式表达出来的看法。这就要求专业课教师在课堂教学中，充分尊重学生的话语权，鼓励他们积极思考、敢于表达，并在此基础上对学生所表现出来的情感、态度、价值理性等进行分析和判断，继而反思课程思政教学组织设计的优点与缺点，进一步加强和改进教学改革创新。“分散控制系统”课程的任课教师通过课后与学生的交流，了解到学生的民族自豪感、自信心得到了很大提升，并且产生了科技报国决心。有学生这样写道：“在这门课中，老师讲了许多我以前不了解的知识，我之前一直以为我国技术在各个方面都落后于西方发达国家，但实际上，我国在分散控制等一些领域处于世界领先地位，在未来的学习工作中，我要自觉将小我融入大我，坚持国家至上、民族至上、人民至上，不断攀登科技创新高峰。”还有学生这样写道：“通过学习课程，我了解到我国自主创新已经步入一个新阶段，在很多领域打破了国外的垄断局面，我感到我们国家太伟大了。这些成绩激励着我继续发扬创新精神，勇往直前。”在“模拟电子技术基础实验”课程教学中，任课教师通过实验报告了解学生思想观念的变化。有学生写道：“经过反复实验、一次次试错，我更加深刻地理解了‘实践是检验真理的唯一标准’这个道理。”有学生写道：“通过不断地练习与反复地检查，我认识到了自身的不足，也逐渐有了科学严谨、不断创新突破的意识。”三是评价学生能力的发展度。专业课教师在课程思政教学中不仅要关注学生具体学科知识的掌握程度和形成的价值倾向，还要关注学生认识问题、解决问题的能力，辩证、历史、战略、底线、创新思维的能力，以及团队协作能力。这就要求教师在课堂教学过程中，通过师生互动、生生互动、课堂实践等方式，考查学生在课程思政教学中对于能力培养的内化程度及其能力发展度，继而进一步改进课程思政教学内容中关于能力培养方面的设计与教学方法的选用。

提高课程思政的教学成效，离不开对教学过程的评估。课程思政教学过程是教育者、大学生和教育环境，在教育目的、教育内容、教育途径、教育方法和教育活动的连接下互相作用的过程。课程思政教学过程的合理性程度决定高校课程思政教学实践的效果。课程思政教学过程评估包括两个方面。一是检查和评估课程思政教学系统中各种要素的协调程度。从系统论角度看，教师、大学生、教学目的、教学内容、教学手段、教学活动等要素的相互作用构成了课程思政教学的整个系统和过程。从某种程度上讲，这些要素的协调程度直接影响课程思政教学成效。因此，专业课教师有必要对课程思政教学系统各要素的协作程度进行考评，重点考察课程思政教学过程中是否采用了与本课程教学目的相符合、相一致的教学内容；是否选择了能够有效达到教学目的的教学途径和方法；是否创设了能够实现教学目标从而有效影响大学生价值观的教学环境。二是评估课程思政教学系统中各要素是否符合相关教学要求。对于课程思政教学过程，不仅要评估该系统中各项要素协调一致的程度，还应评估各个要素，这样才能发现课程思政教学过程中存在的薄弱环节。对于各项要素的评估，主要包括：是否将价值引领纳入教学目的并作为一项重要教学目标；价值塑造内容是否与专业课教学内容具有高度契合性；教育方法是否具有创造性、是否适当；教学活动是否生动活泼、具有吸引力；教学过程是否尊重大学生的主体性，是否能够有效地激发大学生的积极性和创造性。

# 附录 1

# 高校课程思政建设状况调查问卷（教师卷）

亲爱的老师，您好！感谢您在百忙之中抽时间填写这份问卷。我们正在做一项关于“高校课程思政建设”的调研，非常需要您的帮助。

本次问卷为匿名填写，我们确保对所有的信息严格保密，非常感谢您的支持！

## 个人层面

1. 您的性别是（　　）。

A. 男

B. 女

2. 您的政治面貌是（　　）。

A. 中共党员

B. 共青团员

C. 其他民主党派

D. 群众

3. 您的教龄是（　　）。

A. 5 年以下

B. 5~10 年

C. 10~15 年

D. 15~20 年

E. 20 年以上

4. 您的职称是（　　）。

A. 初级

B. 中级

C. 高级

5. 您的专业领域是（　　）。

A. 理学类

B. 工科类

C. 人文社科类

D. 经管法学类

E. 医学类

F. 艺术类

G. 实践类

H. 学生思想政治教育类

I. 其他类

6. 您认为思政教育对大学生成长发展有用吗？（　　）

A. 对学生起到很大的帮助，应该大力开展相关工作

B. 对学生起到一些帮助，应该开展相关工作

C. 对学生帮助不大，完成必要的任务即可

D. 不关注，没有看法

7. 您对“课程思政”的了解程度是（　　）。

A. 非常了解，做过专门的研究

B. 比较了解，参加过相关学习

C. 有了解过，但不多

D. 不了解

8. 您是否认为“课程思政＝课程＋思政”？（　　）

A. 是

B. 不是

C. 不清楚

9. 您认为“课程思政”是（　　）。

A. 一门新的课程，融合专业课知识和思政课知识，宣传社会主义核心价值观，帮助学生肩负起民族复兴的理想和责任

B. 一项新的教育实践活动，在专业课教学中融入思政的章节和案例，结合专业实践加强对学生的思想政治教育

C. 一种新的课程观，通过挖掘各门各类课程中蕴含的思想政治教育元素，立足于情感态度和价值观的引导，帮助学生树立正确的政治方向和积极的价值追求

10. 您认为有必要在专业课教学中开展思政教育吗？（　　）

A. 非常有必要

B. 比较有必要

C. 一般

D. 不太有必要

11. 您认为课程思政是否会影响专业课教学任务的完成？（　　）

A. 会

B. 不会

C. 不清楚

12. 自课程思政推广以来，您是否主动去了解过相关思政内容？（　　）

A. 经常学习

B. 偶尔学习

C. 几乎没有

13. 您是通过（　　）获取课程思政建设相关信息的。[ 多选题 ] *

A. 学校和学院的参考文件

B. 其他网络平台

C. 参加培训或主题报告

D. 观摩学习示范课程

E. 自己查找论文等资料

14. 您认为在每节专业课教学中都必须进行思政教育吗？（　　）

A. 要

B. 不要

C. 不清楚

15. 您在教学中，融入思政元素的程度是（　　）。

A. 非常多

B. 比较多

C. 一般

D. 比较少

E. 几乎没有

16. 您将课程思政融入了教学的（　　）。[ 多选题 ] *

A. 教学目标设计

B. 教学大纲修订

C. 教学课件编写

D. 课堂讲授

E. 研讨发言

F. 实验实践

G. 作业论文

H. 其他环节

I. 还没有融入

17. 您所教授的课程中，您认为适合加入的思政元素有（　　）。[多选题]*

A. 马克思主义世界观和方法论

B. 社会主义核心价值观

C. 热爱祖国、振兴中华的家国情怀

D. 坚韧不拔、自强不息的奋斗精神

E. 精益专注、创新卓越的工匠精神

F. 认真严谨、追求真理的学术作风

G. 团结协作、诚实守信的合作能力

H. 爱岗敬业、服务社会的道德认知

I. 遵纪守法、公平公正的法治修养

J. 爱护环境、可持续发展的长远目光

K. 知行合一、解决问题的实践能力

L. 其他

18. 您认为您所教授的课程中，选用课程思政的教学方法有（　　）。[多选题]*

A. 讲授式教学

B. 讨论式教学

C. 专题式教学

D. 案例教学

E. 情景式教学

F. 项目任务式教学

G. 其他

19. 在目前的课程思政教学中，学生的反馈如何？（　　）

A. 非常欢迎，积极性强，认为帮助很大

B. 比较欢迎，认为有一定的帮助

C. 一般

D. 比较抵触，认为很枯燥

E. 非常抵触，觉得很牵强

F. 目前还无法界定

20. 您在课程思政教学过程中遇到了哪些困难？（　　）[ 多选题 ] *

A. 没有参加过专业培训和学习，没有章法

B. 自身的思政知识储备不足

C. 课程本身难以挖掘思政元素

D. 专业课教学时间、精力有限

E. 缺乏思政教育的授课经验和技巧

F. 思政元素融入生硬，思政和专业结合有难度

G. 课程思政效果评价不到位，难以掌握学生的反馈

H. 其他

21. 在课程思政建设过程中，您希望得到哪方面的支持？（　　）[ 多选题 ] *

A. 组织教师参加相关培训学习

B. 立项建设

C. 专项经费支持

D. 定期开展与思政课教师的交流研讨

E. 聘请专家深入指导

F. 现场观摩优秀示范课

G. 组织课程思政主体比赛或评奖评优

H. 将课程思政教育成效纳入教师评价体系

I. 其他

## 学校层面

22. 您所在的高校是否已经开展课程思政建设？（　　）

A. 是

B. 否

C. 不了解

23. 您所在的高校有没有成立专门的课程思政建设工作小组或领导小组？（　　）

A. 有

B. 无

C. 不了解

24. 您所在的高校有没有针对课程思政建立完善的配套制度或出台相应政策？（　　）

A. 有

B. 无

C. 不了解

25. 您所在的高校有没有结合学生和学校特点，打造示范课程？（　　）

A. 有

B. 无

C. 不了解

26. 您所在的高校有没有对教师进行课程思政方面的专门培训？（　　）

A. 有

B. 无

C. 不了解

27. 您所在的高校有没有开展与课程思政相关的比赛或教研活动？（　　）

A. 有

B. 无

C. 不了解

28. 您所在的高校有没有建立思政课教师与专业课教师的交流合作平台？（　　）

A. 有

B. 无

C. 不了解

29. 您所在的高校有没有将课程思政开展效果纳入对教师的评价反馈？（　　）

A. 有

B. 无

C. 不了解

30. 您所在的高校在开展课程思政建设中存在哪些问题？（　　）[ 多选题 ] *

A. 领导机制不够完善，课程思政没有形成体系

B. 评价体系尚未优化，缺乏反馈和监督

C. 课程内容和教学方法没有统一规划，比较随意

D. 思政元素和课程的融合比较生硬，不够顺畅

E. 专业课教师的思政教育意识和能力有待加强

F. 课程思政组织形式比较简单，不够丰富

G. 没有展开深入的交流和研讨，易流于形式

31. 为更好地推进高校的课程思政建设工作，您有哪些建议？

________________________________________

# 附录 2

## 高校课程思政教学满意度调查（学生卷）

亲爱的同学，您好，感谢您在百忙之中抽时间填写这份问卷。我们正在做一项关于“高校课程思政教学满意度”的调研，非常需要您的帮助。

本次问卷为匿名填写，我们确保对所有的信息严格保密，非常感谢您的支持！

1. 您的性别是（　　）。

A. 男

B. 女

2. 您的政治面貌是（　　）。

A. 中共党员

B. 共青团员

C. 群众

3. 您的年级是（　　）。

A. 大一

B. 大二

C. 大三

D. 大四

E. 研究生及以上

4. 您的专业领域是（　　）。

A. 理学类

B. 工科类

C. 人文社科类

D. 经管法学类

E. 医学类

F. 艺术类

G. 实践类

H. 学生思想政治教育类

I. 其他类

5. 您是否听说过“课程思政”的概念？（　　）

A. 是

B. 否

C. 不清楚

6. 您认为在专业课教学中是否有必要融入价值观塑造或思维方式方法方面的内容？（　　）

A. 非常有必要

B. 比较有必要

C. 一般

D. 不太有必要

7. 您认为专业课中的价值引导或思维方式方法培养是否有助于您的成长？（　　）

A. 起到很大的帮助，应该大力开展相关工作

B. 起到一些帮助，应该开展相关工作

C. 帮助不大

D. 不关注，没有看法

8. 您认为“课程思政”和“思政课程”是同一个概念吗？（　　）

A. 是

B. 否

C. 不清楚

9. 您对“课程思政”的理解是（　　）。

A. 一门新的课程，融合专业课知识和思政课知识，宣传社会主义核心价值观，帮助学生肩负起民族复兴的理想和责任

B. 一种新的教育实践活动，在专业课教学中融入思政的章节和案例，结合专业实践加强对学生的思想政治教育

C. 一种新的课程观，通过挖掘各门各类课程中蕴含的思想政治教育元素，立足于情感态度和价值观的引导，帮助学生树立正确的政治方向和积极的价值追求

10. 您的专业课教师在教学中，有涉及价值观引导或思维方式方法方面的内容吗？（　　）

A. 有

B. 无

C. 不清楚

11. 您的专业课教师在教学中讲述的价值观方面的内容是否与专业内容有关联？（　　）

A. 是

B. 否

C. 不清楚

12. 您的专业课教师教学中涉及的价值观或思维方式方法方面的内容同专业课是否有密切相关性？（　　）

A. 是

B. 否

C. 不清楚

13. 您的专业课学习对您的价值观和思维方式方法（　　）。

A. 没有影响

B. 影响很小

C. 影响较大

D. 影响非常大

14. 您的专业课教师在价值观引导或思维方式方法培养方面，主要采用（　　）。[ 多选题 ] *

A. 讲授式教学

B. 讨论式教学

C. 专题式教学

D. 案例教学

E. 情景式教学

F. 项目任务式教学

G. 其他

15. 您的专业课教师在价值引导或思维方式方法培养方面，主要涉及（　　）。[ 多选题 ] *

A. 马克思主义世界观和方法论

B. 社会主义核心价值观

C. 热爱祖国、振兴中华的家国情怀

D. 坚韧不拔、自强不息的奋斗精神

E. 独立思考、突破自我的创新意识

F. 认真严谨、追求真理的学术作风

G. 团结协作、诚实守信的合作能力

H. 爱岗敬业、服务社会的道德认知

I. 遵纪守法、公平公正的法治修养

J. 爱护环境、可持续发展的长远目光

K. 其他

16. 针对当前教师开展的课程思政教学，您的态度是（　　）。

A. 非常欢迎，积极性强，认为帮助很大

B. 比较欢迎，认为有一定的帮助

C. 一般

D. 比较抵触，认为很枯燥

E. 非常抵触，觉得很牵强

17. 专业课教师采取哪种方法开展课程思政教学，您更容易接受？（　　）［多选题］*

A. 讲授式教学

B. 讨论式教学

C. 专题式教学

D. 案例教学

E. 情景式教学

F. 项目任务式教学

G. 其他

18. 作为学生，您更希望专业课教学中涉及哪些思政内容？（　　）［多选题］*

A. 理想信念

B. 爱党、爱国、爱社会主义、爱人民、爱集体

C. 政治认同、家国情怀、文化素养、宪法法治意识、道德修养等

D. 中国特色社会主义和中国梦

E. 社会主义核心价值观

F. 法制观、劳动观、心理健康、中华优秀传统文化

G. 辩证思维方法，辩证、历史、战略、底线、创新思维能力

H. 辩证唯物主义认识论

I. 其他

19. 您认为目前专业课教师开展课程思政教学存在哪些问题？（　　）［多选题］*

A. 教师自身思政知识储备不足，思政元素融入生硬

B. 教学内容枯燥无味，形式过于单一

C. 专业课教学时间、教师精力有限

D. 课堂互动不充分，学生积极性不高

E. 课程实践较少，难以转化为自身的态度和行动

F. 其他

20. 为更好地推进课程思政教学开展，您有哪些建议？

________________________________________

# 参考文献


［1］ 中共中央马克思恩格斯列宁斯大林著作编译局．马克思恩格斯选集［M］．北京：人民出版社，2012.

［2］ 毛泽东．毛泽东选集［M］．北京：人民出版社，1991.

［3］ 中共中央文献研究室．毛泽东文集［M］．北京：人民出版社，1993—1999.

［4］ 中共中央文献编辑委员会．邓小平文选［M］．北京：人民出版社，1993，1994.

［5］ 江泽民．江泽民文选：第 3 卷［M］．北京：人民出版社，2006.

［6］ 中共中央文献研究室．三中全会以来重要文献选编（上、下）［M］．北京：中央文献出版社，2011.

［7］ 中共中央文献研究室．十二大以来重要文献选编（上、中、下）［M］．北京：中央文献出版社，2011.

［8］ 中共中央文献研究室．十三大以来重要文献选编（上、中、下）［M］．北京：中央文献出版社，2011.

［9］ 中共中央文献研究室．十四大以来重要文献选编（上、中、下）［M］．北京：中央文献出版社，2011.

［10］ 中共中央文献研究室．十五大以来重要文献选编（上、中、下）［M］．北京：中央文献出版社，2011.

[ 11 ] 中共中央文献研究室 . 十六大以来重要文献选编（上、中、下）[ M ] . 北京：中央文献出版社，2005，2006，2008.

[ 12 ] 中共中央文献研究室 . 十七大以来重要文献选编（上、中、下）[ M ] . 北京：中央文献出版社，2009，2011，2013.

[ 13 ] 中共中央文献研究室 . 十八大以来重要文献选编（上、中、下）[ M ] . 北京：中央文献出版社，2014，2016，2018.

[ 14 ] 中国社会科学院马克思主义研究院 . 马克思恩格斯列宁论意识形态 [ M ] . 北京：人民出版社，2009.

[ 15 ] 中共中央文献研究室 . 毛泽东邓小平江泽民论世界观人生观价值观 [ M ] . 北京：人民出版社，1997.

[ 16 ] 何东昌 . 中华人民共和国重要教育文献（1949—1975）[ M ] . 海口：海南出版社，1998.

[ 17 ] 教育部社会科学司 . 普通高校思想政治理论课文献选编（1949—2008）[ M ] . 北京：中国人民大学出版社，2008.

[ 18 ] 迈克尔 · 阿普尔 . 教科书政治学 [ M ] . 侯定凯，译 . 上海：华东师范大学出版社，2004.

[ 19 ] 迈克尔 · 阿普尔 . 意识形态与课程 [ M ] . 黄忠敬，译 . 上海：华东师范大学出版社，2001.

[ 20 ] 艾丽森 · A. 卡尔 – 切尔曼（Alison A.Carr-Chellman）. 教师教学设计：改进课堂教学实践 [ M ] . 方向，李忆凡，译 . 福州：福建教育出版社，2018.

[ 21 ] R · M · 加涅，W · W · 韦杰，K · C · 戈勒斯，等 . 教学设计原理（第五版修订本）[ M ] . 王小明，庞维国，陈保华，等，译 . 上海：华东师范大学出版社，2018.

[ 22 ] 佐藤学 . 教育方法学 [ M ] . 于莉莉，译 . 北京：教育科学出版社，2016.

［23］文学禹，韩玉玲．新时代高校课程思政教学创新研究［M］．长春：吉林大学出版社，2020.

［24］李红霞，邓文钱，滕培圣，等．高校课程思政——共识、设计与实践［M］．北京：清华大学出版社，2021.

［25］黄卫华．从理念到实践——新时代高校课程思政路径探究［M］．北京：北京工业大学出版社，2021.

［26］蒋瑛．高校课程思政的思考与探索［M］．成都：四川大学出版社，2022.

［27］滕跃民．课程思政系统性探索与实践［M］．上海：上海三联书店，2021.

［28］郭鹏飞．意识形态价值论［M］．北京：人民出版社，2014.

［29］崔允漷．有效教学［M］．上海：华东师范大学出版社，2009.

［30］朱则光．以学习为中心的教学设计［M］．北京：中国人民大学出版社，2020.

［31］黄甫全，吴建明．课程与教学论［M］．北京：中国人民大学出版社，2019.

［32］白显良．隐性思想政治教育基本理论研究［M］．北京：人民出版社，2013.

［33］黄丹．马克思政治社会化思想研究［M］．上海：复旦大学出版社，2014.

［34］董雅华．知识·信仰·现代化：中国政治社会化中的高等教育［M］．上海：复旦大学出版社，2005.

［35］李辽宁．当代中国思想政治教育意识形态功能研究［M］．武汉：武汉大学出版社，2006.

［36］王琳媛．当代中国大学生政治社会化进程研究［M］．上海：上海人民出版社，2017.

[37] 刘铁芳 . 以教学打开生命：个体成人的教学哲学阐释［M］. 北京：教育科学出版社，2020.

[38] 高锡文 . 基于协同育人的高校课程思政工作模式研究——以上海高校改革实践为例［J］. 学校党建与思想教育，2017（24）.

[39] 徐蓉 . 深刻认识全面推进高校课程思政建设的价值目标［J］. 马克思主义与现实，2020（5）.

[40] 蒲清平，何丽玲 . 新时代高校课程思政教学提质增效的实践路径［J］. 思想教育研究，2022（1）.

[41] 何玉海，于志新 . 新时代推进高校“课程思政”建设的四个维度［J］. 思想理论教育导刊，2021（2）.

[42] 王岳喜 . 论高校课程思政评价体系的构建［J］. 思想理论教育导刊，2020（10）.

[43] 顾晓英 . 教师是做好高校课程思政教学改革的关键［J］. 中国高等教育，2020（6）.

[44] 高德毅，宗爱东 . 课程思政：有效发挥课堂育人主渠道作用的必然选择［J］. 思想理论教育导刊，2017（1）.

[45] 王海威，王伯承 . 论高校课程思政的核心要义与实践路径［J］. 学校党建与思想教育，2018（14）.

[46] 王景云 . 论“思政课程”与“课程思政”的逻辑互构［J］. 马克思主义与现实，2019（6）.

[47] 肖香龙，朱珠 .“大思政”格局下课程思政的探索与实践［J］. 思想理论教育导刊，2018（10）.

[48] 王学俭，石岩 . 新时代课程思政的内涵、特点、难点及应对策略［J］. 新疆师范大学学报（哲学社会科学版），2020（2）.

[49] 刘建军 . 课程思政：内涵、特点与路径［J］. 教育研究，2020（9）.

［50］鄢显俊．论高校“课程思政”的“思政元素”、实践误区及教育评估［J］．思想教育研究，2020（2）．

［51］李蕉，方霁．课程思政中的“思政”：内核、路径与意蕴［J］．思想教育研究，2021（11）．